Communiquer et utiliser les résultats d'une évaluation nationale des acquis scolaires

Évaluations nationales des acquis scolaires

VOLUME 5

Communiquer et utiliser les résultats d'une évaluation nationale des acquis scolaires

Thomas Kellaghan
Vincent Greaney
T. Scott Murray

 GROUPE DE LA BANQUE MONDIALE

© 2015 Banque internationale pour la reconstruction et le développement/La Banque mondiale
1818 H Street NW, Washington, DC 20433
Téléphone : 202-473-1000 ; Internet : www.worldbank.org

Certains droits réservés

La publication originale de cet ouvrage est en anglais sous le titre *Using the Results of a National Assessment of Educational Achievement*. Vol. 5 of *National Assessments of Educational Achievement*, en 2009. En cas de contradictions, la langue originelle prévaudra.

 Cet ouvrage a été établi par les services de la Banque mondiale avec la contribution de collaborateurs extérieurs. Les observations, interprétations et opinions qui y sont exprimées ne reflètent pas nécessairement les vues de la Banque mondiale, de son Conseil des Administrateurs ou des pays que ceux-ci représentent. La Banque mondiale ne garantit pas l'exactitude des données citées dans cet ouvrage. Les frontières, les couleurs, les dénominations et toute autre information figurant sur les cartes du présent ouvrage n'impliquent de la part de la Banque mondiale aucun jugement quant au statut juridique d'un territoire quelconque et ne signifient nullement que l'institution reconnaît ou accepte ces frontières.

 Rien de ce qui figure dans le présent ouvrage ne constitue ni ne peut être considéré comme une limitation des privilèges et immunités de la Banque mondiale, ni comme une renonciation à ces privilèges et immunités, qui sont expressément réservés.

Droits et autorisations

L'utilisation de cet ouvrage est soumise aux conditions de la licence Creative Commons Attribution 3.0 IGO (CC BY 3.0 IGO) http://creativecommons.org/licenses/by/3.0/igo/ Conformément aux termes de la licence Creative Commons Attribution (paternité), il est possible de copier, distribuer, transmettre et adapter le contenu de l'ouvrage, notamment à des fins commerciales, sous réserve du respect des conditions suivantes :

Mention de la source — L'ouvrage doit être cité de la manière suivante : Kellaghan, Thomas, Vincent Greaney, et T. Scott Murray. 2015. *Évaluations nationales des acquis scolaires*. Volume 5 : *Communiquer et utiliser les résultats d'une évaluation nationale des acquis scolaires*. Washington, DC : La Banque mondiale. DOI : 10.1596/978-1-4648-0507-3 Licence : Creative Commons Attribution CC BY 3.0 IGO

Traductions — Si une traduction de cet ouvrage est produite, veuillez ajouter à la mention de la source de l'ouvrage le déni de responsabilité suivant : *Cette traduction n'a pas été réalisée par la Banque mondiale et ne doit pas être considérée comme une traduction officielle de cette dernière. La Banque mondiale ne saurait être tenue responsable du contenu de la traduction ni des erreurs qu'elle pourrait contenir.*

Adaptations — Si une adaptation de cet ouvrage est produite, veuillez ajouter à la mention de la source le déni de responsabilité suivant : *Cet ouvrage est une adaptation d'une oeuvre originale de la Banque mondiale. Les idées et opinions exprimées dans cette adaptation n'engagent que l'auteur ou les auteurs de l'adaptation et ne sont pas validées par la Banque mondiale.*

Contenu tiers — La Banque mondiale n'est pas nécessairement propriétaire de chaque composante du contenu de cet ouvrage. Elle ne garantit donc pas que l'utilisation d'une composante ou d'une partie quelconque du contenu de l'ouvrage ne porte pas atteinte aux droits des tierces parties concernées. L'utilisateur du contenu assume seul le risque de réclamations ou de plaintes pour violation desdits droits. Pour réutiliser une composante de cet ouvrage, il vous appartient de juger si une autorisation est requise et de l'obtenir le cas échéant auprès du détenteur des droits d'auteur. Parmi les composantes, on citera, à titre d'exemple, les tableaux, les graphiques et les images.

 Pour tous renseignements sur les droits et licences doivent être adressées à World Bank Publications, The World Bank, 1818 H Street, NW Washington, DC, 20433, USA ; télécopie : 202-522-2625 ; courriel : pubrights@worldbank.org.

ISBN (imprimé) : 978-1-4648-0507-3
ISBN (digital) : 978-1-4648-0516-5
DOI : 10.1596/978-1-4648-0507-3

Conception de la page de couverture : Naylor Design, Washington DC

TABLE DES MATIÈRES

PRÉFACE	xiii
REMERCIEMENTS	xv
ABRÉVIATIONS	xvii

1. **FACTEURS AGISSANT SUR L'UTILISATION ET LA NON-UTILISATION DES CONSTATATIONS DE L'ÉVALUATION NATIONALE** — **1**
   Le contexte politique d'une évaluation nationale — 3
   La responsabilité — 5
   La qualité de l'instrument d'évaluation — 17
   Les types d'évaluation — 20
   La sous-exploitation des constatations de l'évaluation nationale — 23
   Conclusion — 27

2. **RENDRE COMPTE D'UNE ÉVALUATION NATIONALE : LE RAPPORT PRINCIPAL** — **33**
   Le contexte de l'évaluation nationale — 35
   Les objectifs de l'évaluation nationale — 35
   Le cadre de l'évaluation nationale — 36
   Les procédures d'administration de l'évaluation nationale — 37
   La description des performances dans l'évaluation nationale — 37

		Les corrélats des performances	42
		L'évolution des performances dans le temps	48
		Conclusion	51
3.		**RAPPORT D'UNE ÉVALUATION NATIONALE : AUTRES OUTILS DE COMMUNICATION DES CONSTATATIONS**	**53**
		La fiche technique produit	54
		L'information des ministres et des hauts fonctionnaires	55
		La publication de rapports de synthèse	56
		La publication de rapports techniques	59
		La publication de rapports thématiques	60
		La garantie de rapports dans les médias	64
		La publication de communiqués de presse	65
		L'organisation de conférences de presse	69
		L'organisation de séances d'information individuelles	70
		La diffusion de rapports sur internet	70
		La diffusion des données de l'évaluation	72
		Les autres instruments de diffusion	73
		Conclusion	74
4.		**TRADUIRE LES CONSTATATIONS DES ÉVALUATIONS EN POLITIQUES ET ACTIONS**	**77**
		Les capacités institutionnelles à assimiler et utiliser les informations	78
		La fiabilité et la pertinence des informations fournies par une évaluation	79
		Les procédures visant à identifier les politiques ou actions appropriées à l'issue d'une évaluation	80
		La détermination d'une intervention ciblée ou à l'échelle du système	83
		La complexité de l'élaboration de politiques et de la prise de décisions	84
		Conclusion	86
5.		**CONSTATATIONS DE L'ÉVALUATION NATIONALE, POLITIQUES ET GESTION DE L'ÉDUCATION**	**89**
		La description de la performance	90
		La description des ressources	91
		Le suivi de la performance	92
		La révision du système éducatif	95

	La formulation de politiques générales et le soutien au processus de prise de décisions	95
	La fixation de normes	100
	L'allocation de ressources aux établissements scolaires	101
	Le soutien à la révision des programmes de cours	104
	La révision des manuels scolaires	106
	Conclusion	108
6.	**CONSTATATIONS DES ÉVALUATIONS NATIONALES ET ENSEIGNEMENT**	**111**
	Le développement professionnel des enseignants	112
	La focalisation sur les écoles et l'enseignement en classe	124
	Conclusion	139
7.	**CONSTATATIONS DES ÉVALUATIONS NATIONALES ET SENSIBILISATION DU PUBLIC**	**143**
	Les exemples d'utilisation des résultats de l'évaluation pour informer le public	146
	Le rôle des médias	147
	L'élaboration d'une stratégie de communication	148
	Conclusion	151
8.	**VERS UNE OPTIMISATION DE L'UTILISATION ET DE LA VALEUR DES ÉVALUATIONS NATIONALES**	**155**
	L'optimisation de l'utilisation des constatations des évaluations nationales	157
	Le développement des évaluations nationales pour accroître leur valeur	160
	Conclusion	168

RÉFÉRENCES 169

ENCADRÉS

1.1	Questions sur lesquelles une évaluation nationale peut apporter des éclaircissements	2
1.2	Évaluer la performance à partir d'éléments probants limités	9
1.3	Effet négatif des utilisations à enjeux élevés de la responsabilité	12
1.4	Attribution de la responsabilité de la performance des élèves	15
1.5	Rejet de la responsabilité de l'échec scolaire	15

1.6	Deux utilisations des données d'une évaluation internationale	23
1.7	Degré d'utilisation des résultats de l'évaluation nationale au Honduras	24
3.1	Rapport de synthèse de l'Illinois sur les niveaux de performance des élèves, en 4ᵉ année, en compréhension de l'écrit au NAEP 2007 : États-Unis	57
3.2	Suggestions pour appliquer l'approche PISA à l'enseignement et l'apprentissage des mathématiques : Irlande	59
3.3	Extrait de communiqué de presse, NAEP : États-Unis	67
3.4	Exemple de communiqué de presse : États-Unis	68
3.5	Site Internet, performance en mathématiques dans les écoles primaires : Irlande	71
3.6	Plan du site Internet du NAEP : États-Unis	72
5.1	Utilisation des résultats de l'évaluation pour promouvoir des réformes : République dominicaine	97
5.2	Mythes sur l'éducation aux États-Unis	98
6.1	Item d'identification de valeur associée à la position des chiffres dans un nombre : Pakistan	117
6.2	Utilisation des constatations de l'évaluation nationale pour améliorer la formation des enseignants : Minas Gerais, Brésil	121
6.3	Principales caractéristiques d'un programme de formation continue des enseignants basé sur les résultats de l'évaluation nationale : Uruguay	123
6.4	Extrait d'un poster publié à la suite d'une évaluation nationale : Ouganda	125
6.5	Item de mathématiques	127
6.6	Recommandations à l'issue d'une évaluation nationale en mathématiques, 5ᵉ année : Irlande	131
6.7	Sujets de discussion : résultats de l'évaluation nationale et variables de l'efficacité des établissements	133
6.8	Sujets de discussion : résultats de l'évaluation nationale et variables de l'efficacité des enseignants	133
6.9	Sujets de discussion : résultats de l'évaluation nationale et facteurs individuels et familiaux associés à l'apprentissage des élèves	134
7.1	Lois relatives à la liberté de l'information	144

7.2	Accords sur la publication des résultats de l'évaluation nationale : Uruguay	145
7.3	Procédures visant à optimiser l'impact des constatations de l'évaluation nationale	149
7.4	Couverture de la brochure de l'évaluation nationale, Éthiopie	152

FIGURES

2.1	Compétences et stratégies de lecture et scores seuils, par points de référence, pour l'échelle combinée de compétence en compréhension de l'écrit de 4e année, PIRLS 2001	40
2.2	Pourcentages de garçons et de filles maîtrisant une matière dans l'évaluation nationale, 4e année : Sri Lanka	43
2.3	Pourcentage d'élèves regardant la télévision sur des durées variables, par sexe et score moyen en compréhension de l'écrit : Koweït	43
2.4	Différences régionales en termes de performances, 4e année : Éthiopie	45
2.5	Scores moyens aux tests de compréhension de l'écrit des élèves par rapport au nombre de livres à la maison, 1ère et 5e années : Irlande	47
2.6	Tendances des scores moyens de l'échelle de compréhension de l'écrit pour les élèves de 9, 13, et 17 ans, NAEP, 1971–2004 : États-Unis	48
2.7	Pourcentage moyen des scores corrects dans le domaine des mathématiques en 5e année dans l'évaluation nationale, 1999 et 2004 : Irlande	49
2.8	Pourcentage moyen des scores corrects pour les compétences en mathématiques en 5e année dans l'évaluation nationale, 1999 et 2004 : Irlande	50
3.1	Scores moyens en compréhension de l'écrit, par race ou ethnie, NAEP, 4e année, 2005 : États-Unis	63
6.1	Répartition des scores en compréhension de l'écrit des élèves et des enseignants : Vietnam	116
6.2	Évaluation nationale de 5e année en mathématiques au Vietnam : corrélation entre les scores moyens des élèves et des enseignants par province	120
6.3	Facteurs déterminants pour la performance des élèves : Ouganda	140

TABLEAUX

1.1	Raisons de la sous-exploitation des constatations d'une évaluation nationale, mesures à prendre pour y remédier, et acteurs responsables de ces mesures	25
2.1	Scores moyens (et écarts-types) des garçons et des filles dans une évaluation nationale de langue et de mathématiques	34
2.2	Scores moyens (et écarts-types) et scores à divers rangs percentiles dans une évaluation nationale des sciences, par province	34
2.3	Scores moyens de performance (et écarts-types) dans une évaluation nationale administrée sur deux périodes	35
2.4	Corrélation entre les scores moyens de performance en compréhension de l'écrit et les facteurs scolaires dans une évaluation nationale en 5e année	35
2.5	Pourcentage d'élèves ayant des scores de niveaux de maîtrise minimum et souhaité dans les tests de littératie, de numératie et de compétences pratiques : Maurice	38
2.6	Niveaux de performance en mathématiques, NAEP, 4e année : États-Unis	39
2.7	Niveaux de savoir-faire en compréhension de l'écrit dans l'évaluation nationale, 4e année : Vietnam	41
2.8	Scores moyens en mathématiques, 8e année, par groupe racial, Afrique du Sud	44
2.9	Scores moyens dans l'évaluation nationale de la langue népalaise, 5e année, par région : Népal	44
3.1	Rapport technique : suggestion de contenu	61
5.1	Pourcentage d'établissements possédant certains équipements scolaires de base : Kenya	92
5.2	Pourcentage d'établissements possédant des installations scolaires, 1990–2002 : Malawi	93
5.3	Pays ayant utilisé les résultats d'une évaluation nationale pour réviser le système éducatif	96
5.4	Classement des élèves en 4e année ayant atteint ou dépassé le niveau « compétent » dans les évaluations fédérales et nationales, 2005, États-Unis	101
6.1	Pourcentage des élèves dont les enseignants se disent prêts à enseigner les mathématiques, données du TIMSS, 8e année	115

6.2	Notation en pourcentages des enseignants à chaque niveau de compétence en mathématiques : Mozambique	118
6.3	Pourcentage d'élèves ayant répondu correctement aux items dans une évaluation de mathématiques : Colombie-Britannique, Canada	126

PRÉFACE

Bien plus que les années de scolarisation, c'est l'apprentissage – ou l'acquisition de compétences cognitives – qui augmente la productivité et les revenus individuels, ainsi que le revenu global de l'économie. Il a été notamment prouvé que la hausse d'un point de l'écart-type des scores des élèves dans les évaluations internationales sur les compétences en littératie et mathématiques est associée à une augmentation de 2 % des taux de croissance annuels du PIB par habitant.

La mesure du rendement de l'apprentissage des élèves s'impose de plus en plus comme une nécessité, pour évaluer la réussite d'un système scolaire, mais aussi pour améliorer la qualité de l'enseignement. Les informations sur la performance des élèves peuvent servir à documenter un large éventail de politiques éducatives, notamment la conception et la mise en œuvre de programmes visant à améliorer l'enseignement et l'apprentissage dans les classes, le recensement des élèves en difficulté qui pourront ainsi recevoir le soutien nécessaire, et la fourniture d'une assistance technique appropriée et d'une formation pour les enseignants et les établissements enregistrant de faibles performances.

L'exploitation des résultats de l'évaluation en vue d'améliorer l'apprentissage des élèves constitue un défi essentiel pour les pays en développement. Peu d'entre eux mesurent régulièrement ou systématiquement le niveau d'apprentissage des élèves, et ceux qui le font tendent à ne pas traduire les résultats dans leurs politiques éducatives. Pourtant, l'amélioration des politiques éducatives peut potentiellement renforcer les compétences cognitives. Si les pays en développement veulent véritablement instaurer l'éducation pour tous, ils auront besoin d'aide pour mesurer le niveau d'apprentissage de leurs élèves et traduire ces informations par des politiques et des pratiques éducatives efficaces.

Ce manuel sera un appui précieux dans de tels efforts. Il rassemble pour la première fois une grande partie des recherches existantes sur les moyens les plus efficaces de traduire des données d'évaluations nationales en informations concrètes, et de rassembler les parties prenantes autour d'un débat qui permettra d'améliorer la qualité de l'enseignement et de l'apprentissage. Ce manuel vise à optimiser l'évaluation de la valeur des données nationales sur l'apprentissage des élèves, et à aider les pays à exploiter pleinement les informations recueillies dans leurs évaluations.

Elizabeth King
Directrice de l'éducation
Réseau du développement humain
Banque mondiale

REMERCIEMENTS

La série d'ouvrages intitulée *Évaluations nationales des acquis scolaires*, dont est tiré ce cinquième volume, a été préparée par une équipe dirigée par Vincent Greaney (consultant, Réseau du développement humain, Groupe sur l'Éducation, Banque mondiale) et Thomas Kellaghan (*Educational Research Centre*, St. Patrick College, Dublin). Ont également collaboré à cette série Sylvia Acana (*Uganda National Examinations Board*), Prue Anderson (*Australian Council for Educational Research*), Fernando Cartwright (Conseil canadien sur l'apprentissage), Jean Dumais (*Statistics Canada*), Chris Freeman (*Australian Council for Educational Research*), Hew Gough (*Statistics Canada*), Sara Howie (Université de Pretoria), George Morgan (*Australian Council for Educational Research*), T. Scott Murray (*Statistics Canada* et Institut statistique de l'UNESCO), et Gerry Shiel (*Educational Research Centre*, St. Patrick College, Dublin).

Les travaux ont été réalisés sous la direction générale de Ruth Kagia, directrice du Secteur de l'Éducation, et de son successeur Elizabeth King, et Robin Horn, du Réseau pour le développement humain, Groupe sur l'Éducation à la Banque mondiale. Robert Prouty a lancé et supervisé le projet jusqu'en août 2007. Marguerite Clarke a supervisé les étapes ultérieures de révision et de publication. Nous adressons nos remerciements au réviseur externe Al Beaton (*Boston College*) pour ses contributions. Des observations utiles ont été apportées par Patricia Arregui, Luis Benveniste, Marguerite Clarke, Shobana Sosale et Emiliana

Vegas. Nous avons bénéficié d'informations et d'un soutien précieux de la part de David Harding, Aidan Mulkeen et Myriam Waiser. Nous adressons également des remerciements particuliers à Hilary Walshe, *Educational Research Centre*, qui a réalisé la saisie du manuscrit, et à Mary Rohan, qui a facilité le travail.

Nous souhaitons remercier les personnes et institutions suivantes de nous avoir autorisés à reproduire leurs supports dans ce texte : Sylvia Acana, Martin Ackley, Abdulghani Al-Bazzaz, Aisha Al-Roudhan, Patricia Arregui, de l'*Educational and Developmental Service Centre* (Katmandou), l'*Educational Research Centre* (Dublin), l'agence *Ethiopia Education Quality Assurance and Examinations*, l'*Examinations Council* du Lesotho, Lucien Finette, Zewdu Gebrekidan, Laura Gregory, Cynthia Guttman, Sarah Howie, l'Association internationale pour l'évaluation du rendement scolaire, Tirth Khaniya, le *Mauritius Examination Syndicate*, Claudia McLauchlan, le *Michigan State Board of Education*, le *National Center for Education Statistics* du Département de l'Éducation des États-Unis, le *National Educational Research and Evaluation Centre* (Colombo, Sri Lanka), Bob Prouty, l'Organisation des Nations Unies pour l'éducation, la science et la culture (*EFA Global Monitoring Report*), Matseko C. Ramokoena, Rebecca Ross, Maureen Schafer, Bert Stoneberg, Sadia Tayyab et Hans Wagemaker.

La conception, l'édition et la production de ce manuel ont été coordonnées par Janet Sasser et Paola Scalabrin du Service des publications de la Banque mondiale. Le Fonds fiduciaire irlandais pour l'éducation, le Programme du partenariat entre la Banque mondiale et les Pays-Bas, l'*Educational Research Centre* de Dublin, et l'*Australian Council for Educational Research* ont généreusement prêté leur concours à la préparation et à la publication de cette série.

ABRÉVIATIONS

CONFEMEN	Conférence des ministres de l'Éducation des États et gouvernements de la Francophonie (aussi appelée Conférence des ministres de l'Éducation des pays ayant le français en partage)
IEA	Association internationale pour l'évaluation du rendement scolaire (*International Association for the Evaluation of Educational Achievement*)
MEAP	*Michigan Educational Assessment Program*
NAEP	Évaluation nationale des progrès de l'éducation (*National Assessment of Educational Progress* - États-Unis)
PASEC	Programme d'analyse des systèmes éducatifs de la CONFEMEN
PIRLS	Programme international de recherche en lecture scolaire
PISA	Programme international pour le suivi des acquis des élèves
SACMEQ	Consortium de l'Afrique australe et orientale pour le pilotage de la qualité de l'éducation (*Southern and Eastern Africa Consortium for Monitoring Educational Quality*)
SIMCE	Sistema de Medición de la Calidad de la Educación (Chili)
TIMSS	Tendances de l'enquête internationale sur les mathématiques et les sciences (*Trends in International Mathematics and Science Study*)

CHAPITRE

FACTEURS AGISSANT SUR L'UTILISATION ET LA NON-UTILISATION DES CONSTATATIONS DE L'ÉVALUATION NATIONALE

Exposés dans le volume 1 de cette série *Évaluer les niveaux nationaux de performance dans l'éducation*, les principaux objectifs d'une évaluation nationale consistent à déterminer : a) le niveau d'apprentissage des élèves dans le système éducatif (par rapport aux attentes générales, aux objectifs du programme de cours, et à la préparation à de futurs apprentissages et à la vie) ; b) s'il existe des signes des forces et des faiblesses dans les savoirs et savoir-faire des élèves ; c) si des sous-groupes de la population affichent une performance médiocre ; d) les facteurs associés à la performance des élèves ; e) si les normes publiques dans l'allocation des ressources sont respectées ; et f) s'il existe une évolution des performances des élèves au fil du temps (Greaney et Kellaghan, 2008). Pour atteindre ces objectifs, des données sont collectées auprès des élèves et d'autres parties prenantes du système éducatif via des procédures définies par les sciences sociales. Cette collecte de données permet de renforcer la transparence des résultats de la gestion et des pratiques éducatives, dans le but de fournir au personnel du système éducatif des informations qui permettront d'améliorer ses pratiques (Ferrer, 2006).

Les preuves attestant de l'accomplissement des objectifs d'une évaluation nationale affectent l'état des lieux portant sur des aspects importants du mode de fonctionnement d'un système éducatif en matière d'accès, de qualité, efficacité et équité (Braun et coll., 2006) (voir l'encadré 1.1). L'évaluation démontrera probablement que ces questions sont étroitement liées. Dans de nombreux systèmes éducatifs, les établissements peu performants ont tendance à accueillir des élèves de milieux défavorisés ou issus de minorités ; à recevoir le plus faible niveau de ressources (par exemple, les manuels scolaires peuvent arriver en retard, voire jamais) ; et peinent à recruter des enseignants du fait de leur isolement géographique ou de raisons ethniques ou linguistiques. De toute évidence, toute information fournie par une évaluation nationale sur ces problèmes est en mesure d'intéresser un large éventail de parties prenantes, dont les représentants politiques, les gestionnaires de l'éducation, les enseignants, les formateurs d'enseignants, les concepteurs des programmes de cours, les parents, les employeurs et le grand public.

Les ouvrages précédents de cette série décrivent la manière dont l'information est obtenue dans une évaluation nationale : comment sont

---

ENCADRÉ 1.1

Questions sur lesquelles une évaluation nationale peut apporter des éclaircissements

L'accès. Les obstacles à la scolarisation, tels que le nombre limité de places ou l'éloignement entre le domicile et l'école.

La qualité. La qualité des intrants et des extrants scolaires, tels que les ressources et les équipements disponibles pour soutenir l'apprentissage (des programmes de cours adaptés, la compétence des enseignants, les manuels scolaires) ; les pratiques pédagogiques ; les relations apprenant-enseignant ; et l'apprentissage des élèves.

L'efficacité. L'utilisation optimale des ressources humaines et financières, reflétée par le ratio élève/enseignant, la capacité de formation rendement des élèves, et les taux de redoublement.

L'équité. L'existence d'opportunités éducatives pour les élèves et le respect de la parité dans la performance des élèves, indépendamment de leurs caractéristiques (sexe, langue maternelle ou appartenance à un groupe ethnique, et situation géographique).

Source : Élaboré par les auteurs à partir de Braun et coll., 2006.

conçus les instruments de collecte des données sur la performance des élèves et les variables connexes ; comment un échantillon d'élèves est sélectionné pour refléter les performances du système éducatif dans son ensemble (ou dans une partie clairement définie de celui-ci, tels les élèves de 4e année ou âgés de 11 ans) ; quelles procédures doivent être suivies pour collecter et nettoyer les données ; et quelles méthodes utiliser pour analyser les données. Ce volume porte sur la publication et l'utilisation des données obtenues dans une évaluation nationale, dans le but ultime d'améliorer la qualité de l'apprentissage des élèves. Il s'adresse à deux publics : a) les personnes chargées de préparer les rapports d'évaluation et de publier et diffuser les constatations, et b) les utilisateurs de ces constatations.

Ce chapitre d'introduction traite de cinq sujets. Premièrement, il décrit les aspects du contexte politique dans lequel une évaluation nationale est réalisée, ainsi que leur impact sur l'utilisation des résultats de l'évaluation. Deuxièmement, il examine la question de la redevabilité, une préoccupation majeure pour de nombreuses administrations publiques, et pour laquelle un lien étroit a été identifié avec les activités de l'évaluation nationale. Troisièmement, il observe que la qualité des instruments utilisés dans une évaluation nationale en vue d'obtenir des données sur l'apprentissage des élèves (les savoirs et savoir-faire, les comportements et les habitudes acquises par les élèves grâce à l'école) a des implications importantes sur l'utilisation des résultats en vue d'améliorer l'apprentissage. Quatrièmement, il examine comment les caractéristiques d'une évaluation nationale (basée sur un recensement ou sur un échantillon, ou bien évaluation internationale) affectent la manière dont les résultats peuvent être utilisés. Enfin, il énonce les raisons possibles de la non-utilisation des résultats de l'évaluation nationale.

LE CONTEXTE POLITIQUE D'UNE ÉVALUATION NATIONALE

Si une évaluation nationale ressemble souvent à une autre, il existe en réalité des différences entre elles, qui ont des implications pour leur utilisation. Les différences de conception, de mise en œuvre et d'utilisation résultent du fait que l'évaluation est un phénomène politique (mais aussi technique) qui reflète le programme, les tensions, les normes institutionnelles et la nature des rapports de force entre les acteurs politiques. L'identification du contexte politique dans lequel une évaluation est réalisée contribue à expliquer les différences de stratégies entre les pays (Benveniste, 2002). Même à l'intérieur des États-Unis, les systèmes de redevabilité diffèrent d'un État à l'autre, reflétant des décisions et des traditions administratives qui ont évolué au fil du temps (Linn, 2005b).

Le rôle de l'évaluation dans l'exercice du contrôle et du pouvoir sur les affaires éducatives revêt plusieurs formes. En premier lieu, l'évaluation est le résultat d'un processus politique, souvent inspiré et façonné par des motivations politiques. Deuxièmement, la forme d'une évaluation résultera d'une compétition entre divers acteurs sociaux qui luttent pour imposer leurs normes et leurs valeurs au sein des pouvoirs publics. Troisièmement, une évaluation peut avoir une incidence sur les rapports sociaux entre, par exemple, les gestionnaires de l'éducation et les enseignants, ou les enseignants et les parents. Quatrièmement, le contrôle de l'exploitation et de l'interprétation des résultats de l'évaluation implique le pouvoir d'influer sur la politique, l'allocation des ressources, et les perceptions du public. Enfin, une évaluation peut impliquer des mécanismes de régulation et de responsabilité, implicites ou explicites, en contraignant les acteurs sociaux à rendre des comptes sur les résultats (Benveniste, 2002).

Les partenaires sociaux ayant la capacité d'influer sur la nature d'une évaluation (et la manière dont les constatations seront utilisées) sont nombreux. Le jeu des rapports de force dans un pays dépendra d'un certain nombre de facteurs, notamment :

- La mesure dans laquelle les décisions sur l'offre éducative (par exemple, le financement ou les programmes de cours) relèvent de la responsabilité d'une gouvernance centrale ou décentralisée
- L'existence et la solidité des institutions informelles, des réseaux et des groupes d'intérêt, tant à l'intérieur qu'à l'extérieur du gouvernement
- Le poids des syndicats d'enseignants, qui peuvent jouer un rôle essentiel dans la mise en œuvre des politiques, voire dans leur élaboration

- Le rôle des organismes externes (multilatéraux et bilatéraux) visant à inciter les administrations à traiter des conditions de leur système éducatif, et à apporter, ou soutenir, un renforcement des capacités pour les prendre en compte.

Les implications de l'attitude politique envers une évaluation nationale peuvent être illustrées par deux exemples (Benveniste, 2002). Au Chili, l'accent est mis sur la responsabilité vis-à-vis du public (ce qui encourage la concurrence du marché), induite par la publication des résultats d'une évaluation pour chaque établissement. L'Uruguay a adopté une position différente, dans laquelle l'État assume la responsabilité de la performance individuelle des élèves et la fourniture des ressources nécessaires pour soutenir l'apprentissage des élèves, en particulier pour ceux issus des segments les plus défavorisés de la population.

Autre aspect important du contexte politique dans lequel une évaluation nationale est réalisée, et qui a des répercussions sur l'utilisation des constatations : le degré d'ouverture ou de fermeture d'un système éducatif. Certains systèmes qualifiés « d'exclusion » ne donnent accès à des données importantes sur certains aspects du système éducatif, y compris les résultats des recherches, qu'aux élites politiques ou aux décideurs de haut niveau, qui n'autorisent pas la diffusion auprès du public. À l'opposé, dans des systèmes plus ouverts, des efforts sont faits pour attirer l'intérêt des médias, mobiliser des forces politiques et susciter un débat sur des questions d'éducation (Reimers, 2003). La position intermédiaire permet la circulation de l'information sur le système éducatif, notamment les données sur la performance des élèves, de façon limitée, mais pas totalement restreinte. Par exemple, en Uruguay, les données sur la performance des élèves sont destinées à être utilisées principalement par la communauté éducative (Benveniste, 2002).

LA RESPONSABILITÉ

En réponse à des pressions politiques, sociales et économiques, les mouvements en faveur de la responsabilité ont pris ces dernières décennies une importance croissante dans les administrations centrales de nombreux pays. Cette section examine la responsabilité dans le cadre de l'éducation et se concentre en particulier sur la façon dont l'interprétation de ce concept affecte l'exploitation des données d'une évaluation nationale. Il convient de garder à l'esprit qu'une grande partie du discours se fonde sur des expériences aux États-Unis et se concentre sur la responsabilité des établissements scolaires (McDonnell, 2005).

Le développement de mouvements en faveur de la responsabilité dans le secteur public (y compris l'éducation) peut être lié à un large éventail de facteurs qui ne s'excluent pas mutuellement, notamment :

- La nécessité de gérer des ressources limitées (et dans certains cas, décroissantes) et d'augmenter les extrants pour une quantité donnée d'intrants.
- Le recours à des idées sur la planification et la gestion empruntées au monde de l'entreprise, en particulier celles liées à l'assurance qualité, la satisfaction du client, et l'amélioration permanente (caractéristiques du mouvement de la Nouvelle gestion publique et une approche corporatiste de l'administration). Ces concepts peuvent impliquer à leur tour de définir la performance en termes de résultats, de fixer des objectifs de performance, d'utiliser des indicateurs de performance pour déterminer la mesure dans laquelle les objectifs sont atteints, de mettre en œuvre une planification stratégique et opérationnelle, et de baser l'allocation des ressources sur la performance.
- L'introduction de mécanismes de distribution et de contrôle, impliquant des programmes incitatifs, une concurrence, la passation de contrats, les audits, et la transformation des rapports de force en mécanismes d'autocontrôle afin de minimiser la nécessité d'une surveillance externe et d'encourager les personnes à intégrer les normes, les valeurs et les attentes des parties prenantes, et la mentalité requise pour s'auto-administrer.
- Un mouvement en faveur de pratiques fondées davantage sur les données probantes. Ce mouvement requiert des données pour confirmer que des personnes ou des institutions ont rempli leurs

fonctions avec professionnalisme et efficacité, ainsi que des données pour appuyer des décisions sur l'allocation des ressources (voir Blalock, 1999 ; Clegg et Clarke, 2001 ; Davies, 1999 ; Hopmann et Brinek, 2007 ; Kellaghan et Madaus, 2000).

Une évaluation nationale cadre bien avec un certain nombre de ces facteurs en fournissant en temps opportun des informations statistiques (données probantes) relativement simples sur le système éducatif. Elle peut également identifier les sous-groupes et unités de la population qui répondent à une norme précise, et ceux qui n'y répondent pas. Les informations peuvent être utilisées pour la planification et la gestion (en particulier, pour décider des mesures à prendre pour améliorer la qualité ou l'efficacité), ou pour pousser implicitement ou explicitement les acteurs sociaux à rendre des comptes, leur imposant ainsi la responsabilité du changement ou de l'ajustement.

La focalisation sur la responsabilité varie d'un pays à l'autre, avec un développement plus ou moins rapide et des effets différents (Hopmann et Brinek, 2007). Il n'est donc pas surprenant que les intentions et les buts de nombre d'évaluations nationales (en particulier dans les pays en développement), et la manière dont elles s'insèrent dans un système de responsabilité, ne soient pas très clairs. Dans les situations où les politiques de responsabilisation ne sont pas très développées, il est peu probable que les résultats de l'évaluation nationale aient beaucoup d'effet (Hopmann et Brinek, 2007). Cependant, une reconnaissance au moins implicite de la responsabilité semblerait nécessaire pour une exploitation des résultats de l'évaluation. Sinon, comment prendre des décisions sur les mesures à adopter à l'issue d'une évaluation, et sur les personnes ou institutions qui prendront ces mesures ?

L'assignation de responsabilités aux nombreuses parties prenantes impliquées dans un système aussi complexe que l'éducation n'est pas une mince affaire. Six questions susceptibles de contribuer à clarifier les enjeux méritent d'être examinées dans cette tâche, en particulier lorsque les résultats de l'évaluation nationale sont utilisés pour responsabiliser les établissements et les enseignants.

Un système de responsabilité doit-il être axé sur le rendement ?

La focalisation sur le rendement de l'éducation (en particulier, l'apprentissage des élèves) peut résulter de la reconnaissance formelle que beaucoup d'enfants passent beaucoup de temps à l'école sans acquérir de savoirs et savoir-faire utiles, avec les inquiétudes que cela engendre. La nécessité de s'assurer que les enfants acquièrent réellement des connaissances à l'école a été soulignée lors de la Conférence mondiale sur l'Éducation pour tous, tenue à Jomtien (Thaïlande) en 1990 (UNESCO, 1990), ainsi qu'au Cadre d'action de Dakar (UNESCO, 2000).

Cependant, utiliser comme unique base de responsabilité les données sur le rendement de l'éducation, c'est perdre de vue la pertinence des aspects liés à l'offre éducative (par exemple, les bâtiments scolaires, les programmes de cours, le matériel pédagogique, les techniques pédagogiques des enseignants, et les activités de préparation) pour l'évaluation de la qualité. Ces facteurs sont importants ne serait-ce que parce que la qualité de l'apprentissage des élèves ne dépend que d'eux. On ne peut pas « attendre des élèves qu'ils deviennent compétents si le contenu et le processus de leur instruction en classe ne les y préparent pas convenablement » (Haertel et Herman, 2005, 21).

Un système de responsabilité doit-il être axé sur les résultats cognitifs ?

La plupart des gens s'accorderait sur le fait que l'école poursuit de nombreux objectifs : certains personnels (par exemple, le développement cognitif, moral et social des élèves), et d'autres sociétaux (par exemple, la promotion de la cohésion sociale ou de la construction nationale). La plupart s'accorderait également à dire que les résultats cognitifs sont primordiaux, et qu'en outre, le développement des compétences en littératie et numératie, mesurées dans toutes les évaluations nationales, est un impératif, et le socle des progrès scolaires futurs des élèves. En revanche, personne n'accepterait que la dépendance totale à l'égard de ces mesures dans l'objectif d'une responsabilisation conduise à négliger d'autres résultats scolaires reconnus, liés aux attitudes, aux valeurs, à la motivation, aux aspirations, à l'estime de soi, à la capacité à travailler en groupe, à l'aptitude à prendre la parole en public, et à la socialisation. Les employeurs et les économistes jugent très importants un grand nombre de ces résultats (souvent appelés *compétences générales*) pour obtenir un emploi (Cheng et Yip, 2006).

Un système de responsabilité doit-il être fondé sur une seule mesure de la performance des élèves ?

Dans la plupart des évaluations nationales, un test unique (qui peut prendre plusieurs formes) est utilisé pour évaluer les compétences des élèves dans une matière du programme (par exemple, mathématiques, compréhension de l'écrit, ou sciences). Par conséquent, on peut se poser la question suivante : même si la performance cognitive des élèves est un critère valable de la qualité de la scolarité, est-il raisonnable de ne fonder l'évaluation de cette qualité (et une éventuelle attribution de responsabilités) que sur une seule mesure de la performance des élèves lors d'une ou deux années du cursus scolaire ?

La réponse serait plutôt non. Un test ne peut fournir qu'une quantité limitée d'informations sur la performance des élèves (voir l'encadré 1.2). Que l'apprentissage des élèves soit évalué au niveau national ou au niveau de chaque établissement, de multiples mesures de la performance sont nécessaires pour en donner un aperçu exact (Guilfoyle, 2006).

ENCADRÉ 1.2

Évaluer la performance à partir d'éléments probants limités

« Aucun système articulant l'évaluation d'un établissement scolaire tout entier autour du score moyen obtenu à un test par un groupe d'élèves d'une même année ne peut espérer évaluer cet établissement avec exactitude. »

Source : Guilfoyle, 2006 : 13.

Si un test se limite à des items à choix multiple, des problèmes supplémentaires sont susceptibles de se poser, car il est extrêmement difficile de mesurer des compétences cognitives de haut niveau à l'aide de ce format.

Doit-il y avoir des sanctions liées à la performance dans une évaluation nationale ?

Dans l'utilisation des résultats d'une évaluation nationale, il est crucial de déterminer si des sanctions doivent être liées à la performance des élèves. Bien que l'on puisse s'attendre à cerner certaines responsabilités après une évaluation, même sans les reconnaître explicitement, des sanctions ne sont pas nécessairement appliquées pour autant. Dans certaines évaluations nationales, des sanctions sont toutefois imposées, généralement aux établissements, aux enseignants, et dans certains cas, aux élèves. On trouve de tels exemples dans l'évaluation des programmes de cours nationaux en Angleterre – introduite principalement en tant qu'outil de responsabilité – et plusieurs évaluations réalisées dans plusieurs États aux États-Unis. Dans de tels cas, une évaluation devient une opération à enjeux élevés pour les établissements qui se voient attribuer récompenses ou sanctions selon la performance de leurs élèves. Les établissements ou les enseignants peuvent être récompensés par des primes, les enseignants peuvent être licenciés, et les élèves peuvent se voir refuser le passage en classe supérieure ou ne pas obtenir leur diplôme.

Plusieurs arguments plaident en faveur de l'association d'enjeux élevés à la performance des élèves à un test. Premièrement, cela encourage les personnes (en particulier, les enseignants) à intégrer les normes, les valeurs et les attentes des parties prenantes (en particulier, celles du ministère de l'Éducation), et à accepter la responsabilité de s'y conformer. Deuxièmement, cela encourage le fonctionnement des mécanismes de marché dans le système éducatif, impliquant la concurrence, la passation de contrats, et les audits. Troisièmement, cela sert à centrer les efforts des enseignants et des élèves sur les objectifs de l'enseignement, et à fournir des normes de performance escomptée, auxquelles les élèves et les enseignants peuvent aspirer, créant ainsi un système d'instruction fondé sur la mesure. Dans ce cas, on peut raisonnablement s'attendre à une amélioration de la performance des élèves si l'instruction est étroitement alignée sur un instrument d'évaluation. Cependant, l'amélioration de la performance peut ne pas être évidente lorsque les acquis des élèves sont évalués à l'aune d'autres instruments. Ainsi, lorsqu'on compare les gains de performance obtenus au fil du temps dans l'Évaluation nationale des progrès de l'éducation réalisée aux États-Unis dans les États associant des enjeux élevés aux résultats et dans des États qui n'ont pas de tests à enjeux élevés (Amrein et Berliner, 2002 ; Braun, 2004), les constatations sont ambiguës.

Les arguments contre l'association d'enjeux élevés à la performance des élèves à un test se fondent, pour la plupart, sur l'observation et les recherches relatives aux examens publics (plutôt qu'aux évaluations nationales) sur une longue période (Kellaghan et Greaney, 1992 ; Madaus et Kellaghan, 1992 ; Madaus, Russell, et Higgins, 2009). Des conclusions similaires se font jour sur les effets des tests associés à la loi *No Child Left Behind* (Aucun enfant laissé pour compte) aux États-Unis (Guilfoyle, 2006). Les données probantes disponibles indiquent que l'association de sanctions à la performance des élèves entraîne des conséquences négatives :

- Les enseignants ont tendance à réagir en alignant leur enseignement sur les savoirs et savoir-faire évalués dans le test (« l'enseignement en fonction des tests »), au détriment de certains domaines du programme de cours (par exemple, l'art, l'instruction civique, l'éducation physique) non évalués.
- L'enseignement aura tendance à privilégier l'apprentissage par cœur, les exercices de routine, et l'accumulation de savoirs factuels, conduisant à une approche passive de l'apprentissage, au lieu d'une approche axée sur des compétences générales de niveau supérieur de raisonnement et de résolution des problèmes.
- Il est probable que les enseignants passent beaucoup de temps à chercher des stratégies pour aider les élèves à mieux réussir aux tests (par exemple, comment répondre à des questions à choix multiple). Il est même possible qu'ils utilisent ce type de questions dans leur enseignement (voir l'encadré 1.3).

> **ENCADRÉ 1.3**
>
> **Effet négatif des utilisations à enjeux élevés de la responsabilité**
>
> « Les systèmes d'évaluation sont des témoins utiles, mais ils perdent une grande part de leur fiabilité et de leur crédibilité lorsque des enjeux élevés y sont associés. Les effets négatifs non recherchés des utilisations à enjeux élevés de la responsabilité l'emportent souvent sur les effets positifs recherchés. »
>
> Source : Linn, 2000 : 14.

Faut-il publier des classements après une évaluation nationale ?

La publication de résultats sous forme de classements, dans lesquels les établissements sont répartis par niveaux, constitue un exemple précis d'enjeux élevés dans une évaluation nationale. Cette approche est censée susciter une concurrence entre établissements, et par conséquent, l'amélioration de la performance des élèves (Reimers, 2003). L'information peut être utilisée pour informer les parents et les communautés, et dans certains cas, les parents peuvent l'utiliser pour choisir un établissement pour leurs enfants. Même si les parents n'ont pas la possibilité de choisir l'établissement ou s'ils n'utilisent pas les résultats de l'évaluation dans ce but (Vegas et Petrow, 2008), la simple publication de l'information sur la performance individuelle des établissements peut pousser chaque école à améliorer ses résultats.

Outre les impacts négatifs précités des procédures d'évaluation à enjeux élevés sur l'enseignement et l'apprentissage, d'autres problèmes peuvent se poser lorsque les résultats sont calculés et publiés pour chaque établissement (Clotfelter et Ladd, 1996 ; Kane et Staiger, 2002 ; Kellaghan et Greaney, 2001 ; Linn, 2000). Premièrement, la performance des établissements (et par conséquent, leur position dans un classement) peut varier en fonction de la matière évaluée (par exemple, la performance en compréhension de l'écrit ou en mathématiques). Deuxièmement, des classements établis à partir d'une même mesure peuvent varier en fonction du critère de « réussite » appliqué (par exemple, un score moyen ou la proportion d'élèves obtenant des scores « élevés »). Troisièmement, le manque de précision des procédures d'évaluation signifie que des différences légères entre établissements (susceptibles d'avoir un impact important sur leur classement) ne seront que le fruit du hasard. Quatrièmement, les scores de performance peuvent varier d'une année à l'autre selon des facteurs échappant au contrôle de l'établissement (par exemple, les différences dans les cohortes d'élèves). Les établissements de petite taille sont particulièrement exposés à ce problème. Cinquièmement, la performance des élèves dans un établissement précis ne reflète pas uniquement les efforts des enseignants, comme en témoigne la similitude des classements fondés sur la performance et des données socioéconomiques (Vegas et Petrow, 2008). Sixièmement, pour tenir compte de facteurs sur lesquels l'établissement n'a aucun contrôle (par exemple, les capacités des élèves ou l'environnement familial), la moyenne des progrès des scores obtenus aux tests par les élèves pendant un an peut être utilisée comme indice de performance d'un établissement. Cependant, cette mesure, qui révèle généralement très peu d'écarts entre les établissements, est jugée insatisfaisante et ne tient pas compte du fait que le taux d'amélioration est lié aux performances initiales des élèves. Des approches statistiques plus sophistiquées, qui prennent en compte un éventail de facteurs sur lesquels l'établissement n'a aucun contrôle, peuvent être utilisées pour calculer l'amélioration des scores des établissements (modèles de valeur ajoutée). Cependant, ces approches posent problème du fait de la complexité des procédures administratives nécessaires pour collecter les données, du niveau d'expertise statistique requis pour l'analyse, des difficultés liées au choix des variables à inclure dans les modèles statistiques, et parce que l'ajustement par rapport aux acquis précédents peut conduire à des attentes plus faibles pour les élèves peu performants.

Enfin, les classements favorisent les pratiques de corruption, consistant par exemple à exclure les élèves peu performants de l'évaluation, ou à se concentrer sur la performance des élèves situés « à la limite » pour augmenter le score moyen d'un établissement. De fausses informations sur les conditions au sein des établissements peuvent être fournies (comme ce fut le cas au Chili) afin de manipuler la catégorisation socioéconomique de l'établissement si une catégorie faible procure des avantages.

Qui doit être tenu responsable ?

Un argument majeur plaide contre l'association d'enjeux élevés à la performance des élèves pour les établissements et les enseignants : une évaluation n'identifie pas les aspects de la performance qui peuvent être imputés aux uns ou aux autres. Même une réflexion rapide sur le large éventail de facteurs qui agissent conjointement sur la performance des élèves doit amener à s'interroger avant d'attribuer des responsabilités. Ces facteurs peuvent être identifiés : a) les caractéristiques des élèves, y compris leurs performances antérieures ; b) les conditions de vie des élèves, notamment les ressources et le soutien de la famille et de la communauté ; c) les politiques éducatives, ressources et soutien, y compris les programmes de cours et la préparation des enseignants, qui sont fournis par les autorités publiques compétentes ; d) les conditions et ressources de l'établissement, notamment en termes de gouvernance et de gestion ; et e) la compétence des enseignants (Kellaghan et Greaney, 2001).

Il semble sensé d'attendre des personnes ou institutions associées à ces facteurs qu'elles soient responsables et ne rendent de comptes que sur les aspects qu'elles contrôlent. Par conséquent, la responsabilité est partagée par a) les élèves ; b) les enseignants ; c) les établissements ; d) les responsables des politiques, les administrateurs et les gestionnaires du système scolaire (au niveau national, étatique, régional ou municipal, selon le mode d'organisation du système éducatif) ; e) les prestataires des services associés (concepteurs des programmes de cours, formateurs des enseignants, et éditeurs des manuels scolaires) ; f) les parents ; et g) d'autres (notamment les représentants politiques, les contribuables et l'ensemble de la société). En réalité, il est extrêmement difficile de répartir les responsabilités parmi cet éventail de parties prenantes (voir l'encadré 1.4). Néanmoins, ne pas reconnaître ce problème peut conduire à une attribution incorrecte et donner lieu à des mesures inappropriées (voir l'encadré 1.5).

ENCADRÉ 1.4

Attribution de la responsabilité de la performance des élèves

Attribuer des responsabilités pour la performance des élèves n'est pas chose facile :

- Bien que les *enseignants* soient en partie responsables des performances de leurs élèves, doivent-ils être considérés comme seuls responsables quand leur établissement ne possède pas les équipements de base ? Quand ils ont été insuffisamment formés ? Quand les élèves s'absentent durant de longues périodes ? Quand les programmes de cours qui leur sont imposés ne sont pas adaptés aux élèves ?

- Les *élèves* doivent-ils être tenus responsables si leur famille n'accorde pas d'importance à l'éducation, ne dispose pas d'installations ou ne leur donne pas la possibilité d'étudier ? Si les programmes de cours sont inappropriés ? Si leurs premières expériences éducatives ont été marquées par des enseignants incompétents ?

- Les *parents* doivent-ils être tenus responsables s'ils n'envoient pas régulièrement leurs enfants à l'école parce qu'ils n'ont pas les moyens de payer les frais de scolarité, ou parce qu'ils ont besoin que leurs enfants travaillent ?

- Les *gestionnaires de l'éducation* doivent-ils être tenus responsables s'ils ne fournissent pas des fonds suffisants pour répondre aux besoins des établissements ?

- Les *représentants politiques* doivent-ils être mis en cause si les ressources de l'État ne suffisent pas pour répondre aux exigences du système éducatif ?

ENCADRÉ 1.5

Rejet de la responsabilité de l'échec scolaire

« En matière de responsabilité, les tests peuvent subtilement rejeter celle de l'échec scolaire, dû aux ressources insuffisantes de l'école, à une faible préparation des enseignants, aux facteurs extra-scolaires, sur les enseignants et les élèves qui ne "travaillent tout simplement pas assez", détournant ainsi l'attention de réformes plus coûteuses et plus nécessaires. »

Source : Haertel et Herman, 2005, 3.

De nombreuses évaluations nationales reconnaissent, au moins implicitement, le rôle des facteurs externes pour déterminer la performance des élèves. Même dans les évaluations à enjeux élevés, les résultats des tests sont souvent présentés séparément pour les établissements, en fonction du statut socioéconomique des élèves accueillis. Les scores des élèves peuvent également être ajustés pour tenir compte de leurs caractéristiques, telles que les performances antérieures ou le statut socioéconomique de leur famille. De plus, même lorsque les enjeux sont élevés, des ressources supplémentaires sont généralement fournies aux établissements en difficulté. De telles mesures reconnaissent que les enseignants peu performants peuvent avoir besoin d'une aide et d'un perfectionnement professionnel soutenu (Linn, 2000).

Un examen de la diversité des parties prenantes susceptibles d'influer sur l'apprentissage des élèves amène à conclure que l'évaluation des responsabilités est une question complexe, qui ne doit pas se fonder sur les statistiques limitées d'une évaluation nationale. Pour les enseignants, l'évaluation des responsabilités exige un jugement clinique et l'examen d'un grand nombre de facteurs, y compris les circonstances dans lesquelles ils enseignent. Ce type de jugement doit être rendu de préférence par un professionnel (un directeur d'école, un inspecteur ou un superviseur). La détermination de la responsabilité des autres parties prenantes est une question tout aussi complexe. Dans un système démocratique, les représentants politiques rendent des comptes à leurs électeurs, mais quand ils mettent leur bulletin dans l'urne, la priorité accordée par les citoyens à l'éducation n'est pas évidente, et encore moins à la performance des élèves. Les gestionnaires de l'éducation doivent rendre des comptes à leurs supérieurs et aux dirigeants politiques quant à l'exécution de leurs fonctions, mais là encore, il n'est pas évident d'établir que la performance des élèves doit être prise en considération. Contrairement aux enseignants, les gestionnaires de l'éducation sont très éloignés des réalités de l'école. Il est donc probable que la performance des élèves ne joue aucun rôle dans l'évaluation de leur propre performance.

Une plus grande clarté et une plus grande transparence dans les responsabilités de l'ensemble des personnes et institutions qui contribuent aux résultats du système éducatif (et à l'apprentissage des élèves) doivent permettre de lever nombre d'ambiguïtés dans les systèmes de responsabilité actuels. De plus, l'utilisation d'un système de responsabilité incluant toutes les personnes, institutions et organismes exerçant un contrôle sur les ressources et les activités des établissements, doit permettre de concentrer les énergies de toutes les parties prenantes sur la réalisation des tâches qui leur sont dévolues (Clegg et Clarke, 2001).

LA QUALITÉ DE L'INSTRUMENT D'ÉVALUATION

Le mot *qualité* s'applique à des aspects très variés de l'expérience éducative des élèves, notamment à un environnement d'apprentissage sûr et doté de ressources suffisantes, des programmes de cours adaptés aux besoins des élèves, des pratiques pédagogiques, des enseignants compétents qui s'engagent dans des pédagogies actives, et à l'apprentissage des élèves (voir par exemple, Schubert, 2005 ; UNESCO, 2000 ; UNICEF, 2000). Toutefois, dans les études sur les évaluations nationales, nous avons vu que l'examen de la qualité se concentre sur les résultats cognitifs du processus éducatif (c'est-à-dire, ce que les élèves ont appris) en vue de développer des stratégies pour améliorer ces résultats. Cette focalisation sur les résultats cognitifs est conforme à l'objectif 6 du Cadre d'action de Dakar, qui insiste sur l'amélioration de la qualité de l'éducation « de façon à obtenir un rendement de l'apprentissage reconnu et quantifiable pour tous, notamment en matière de littératie, numératie, et dans les compétences pratiques essentielles » (UNESCO, 2000, 8).

Reconnaissant le rôle essentiel de l'apprentissage des élèves dans une évaluation nationale, cette section décrit quatre conditions à remplir pour s'assurer a) que le test utilisé reflète fidèlement les acquis que l'école s'efforce de renforcer, et b) que l'information obtenue réponde aux besoins des utilisateurs (Beaton et Johnson, 1992).

Premièrement, étant donné qu'un test ne peut mesurer qu'une partie des savoirs et savoir-faire précisés dans un programme de cours ou un construct (par exemple, la compréhension de l'écrit), il est important de s'assurer qu'il en fournit une représentation adéquate (voir Haertel et Herman, 2005 ; Linn et Baker, 1996 ; Messick, 1989).

De plus, les items de test doivent refléter l'importance du programme de cours, la complexité cognitive, l'adéquation linguistique, et revêtir un sens pour les élèves. Par conséquent, un test ne doit pas se borner à mesurer des composantes de compétences ou des éléments de savoir isolés qui n'exigent des élèves qu'une mémorisation des faits ou des informations (une caractéristique de nombreuses évaluations nationales) si l'objectif du système éducatif est de développer des compétences cognitives de haut niveau (impliquant le raisonnement, la capacité à identifier et résoudre des problèmes, et la capacité à réaliser des tâches inhabituelles). Les concepteurs de tests doivent garder à l'esprit la nécessité d'élaborer un instrument de base en vue de concevoir les politiques et de prendre les décisions qui s'imposent pour changer les programmes de cours et la pédagogie, lesquels favoriseront à leur tour le développement de savoirs et savoir-faire précieux (voir Frederiksen et Collins, 1989).

Pour garantir la représentation adéquate d'un domaine ou d'un construct – ou d'objectifs ou sous-domaines (par exemple, des domaines de contenu ou des savoir-faire en mathématiques) –, un test doit comporter un nombre suffisant d'items. Le trop petit nombre d'items de certaines évaluations nationales doit amener à s'interroger sur leur adéquation. Par exemple, le nombre d'items dans les tests d'évaluations réalisés en Amérique latine (entre 20 et 40, excepté au Brésil) signifie une faible couverture des contenus. Il est également difficile de cautionner l'idée selon laquelle la maîtrise d'un objectif spécifique peut être déterminée à l'aide de trois ou quatre items seulement (González, 2002). Ce type d'insuffisance ne se limite nullement aux évaluations nationales en Amérique latine.

Deuxièmement, un test doit évaluer les savoirs et savoir-faire à un niveau approprié pour les élèves qui le subissent. Un test fondé uniquement sur les documents du programme de cours risque de poser problème si le programme de cours a des attentes irréalistes quant à la performance des élèves. Dans ce cas, fréquent dans les pays en développement, le test sera beaucoup trop difficile pour les élèves plus faibles et ne permettra pas d'identifier leurs acquis. La solution consiste à prendre en compte, dans la conception du test, non seulement les normes du programme de cours visé, mais également ce que l'on sait de la performance réelle des élèves à l'école. Dans la pratique, un très petit nombre d'élèves répondra correctement à tous les items, ou incorrectement à tous les items. Ce résultat peut être obtenu en impliquant les enseignants en activité dans l'élaboration et la sélection des items de tests, et en testant les items sur le terrain avant l'évaluation principale sur un échantillon d'élèves représentatif des écarts entre établissements de la population cible.

Troisième condition à respecter si l'on veut qu'un test fournisse des informations valables sur les savoirs et savoir-faire des élèves dans un domaine précis du programme de cours : la performance des élèves ne doit pas être déterminée par leur compétence dans des domaines autres que les domaines pour l'évaluation desquels le test a été conçu (Messick, 1989). Par exemple, un test conçu pour évaluer les acquis en sciences ou mathématiques et contenant également des items de langue ne doit pas mesurer la performance de l'élève en se basant sur sa compréhension de l'écrit mais sur ses capacités en sciences ou mathématiques. Ce problème surgit lorsqu'il est impossible d'attendre un même niveau de compétence pour tous les élèves en compréhension de l'écrit, ce qui est probablement le cas lorsque la langue du test est différente de celle utilisée habituellement par les élèves.

Enfin, si l'on souhaite que les résultats de l'évaluation servent à suivre l'évolution des performances au fil du temps, il faut que les instruments d'évaluation soient comparables. Pour y parvenir, on peut utiliser le même test, qui devra être conservé en lieu sûr par les administrations. Si des tests différents sont utilisés, l'échelonnement à l'aide de la théorie de la réponse à l'item permet de présenter les résultats sur les mêmes échelles de compétence (voir le volume 4 de cette série). Les bonnes pratiques impliquent de transférer un sous-ensemble d'items d'un test à l'autre, ce qui fournit un excellent moyen de relier les tests. Il importe également que les échantillons d'élèves et les procédures suivies dans l'administration du test soient équivalents. Si les critères d'exclusion (par exemple, pour les élèves ayant des difficultés d'apprentissage) varient d'une évaluation à l'autre, ou si les conditions qui échappent au contrôle des administrateurs (par exemple, les taux de réponse) diffèrent, ces facteurs doivent être pris en compte afin de comparer les acquis des élèves sur des périodes différentes.

LES TYPES D'ÉVALUATION

L'exploitation potentielle des informations issues d'une évaluation dépend des caractéristiques de cette dernière. L'utilisation des résultats varie pour a) *les évaluations basées sur un recensement*, auxquelles participent la totalité (ou la quasi-totalité) des établissements et des élèves de la population cible (comme par exemple, au Brésil, au Chili et en Angleterre) ; b) *les évaluations basées sur un échantillon*, auxquelles participe un échantillon d'élèves ou d'établissements représentatifs de la population totale (comme cela se pratique dans la plupart des pays) ; et c) *les évaluations internationales*, dans lesquelles un certain nombre de pays suivent des procédures similaires pour obtenir des données sur l'apprentissage des élèves.

L'évaluation basée sur un recensement

Une évaluation nationale à laquelle participent tous (ou presque tous) les établissements et les élèves, généralement d'un même niveau scolaire ou d'un même âge, est dite *basée sur un recensement* ou *sur la population*. Elle offre la possibilité de fournir des informations sur la performance des élèves pour a) le système éducatif en général, b) des secteurs du système, c) les établissements scolaires, d) les enseignants ou les classes, e) les élèves individuels, et f) les facteurs liés à la performance. L'information étant disponible pour tous les établissements, les écoles peu performantes peuvent être identifiées, et des décisions peuvent être prises sur d'éventuelles interventions, consistant par exemple à fournir des formations professionnelles aux enseignants, des services ou des ressources supplémentaires. L'évaluation sera à enjeux élevés si des sanctions sont associées à la performance de l'établissement, ou si des informations sur la performance de chaque établissement sont publiées.

L'évaluation basée sur un échantillon

Dans la mesure où toute la population ne participe pas à une évaluation basée sur un échantillon, celle-ci ne peut que fournir des informations sur la performance des élèves pour a) le système éducatif en général, b) des secteurs du système, et c) des facteurs liés à la performance. Bien que cette approche limite l'utilisation potentielle des résultats de l'évaluation, elle présente un certain nombre d'avantages. Premièrement, une évaluation basée sur un échantillon est beaucoup moins chère à administrer qu'une évaluation basée sur un recensement. Deuxièmement, il n'est pas nécessaire d'évaluer tous les élèves pour atteindre l'objectif fondamental d'une évaluation nationale, à savoir la fourniture d'informations valables, fiables et en temps opportun sur le fonctionnement du système éducatif et, en particulier, sur la qualité de l'apprentissage des élèves. Troisièmement, étant donné que les établissements participants ne sont pas identifiés, ce type d'évaluation n'a pas les effets négatifs d'une évaluation basée sur un recensement sur les établissements et l'apprentissage lorsque des sanctions prises à l'encontre des établissements, des enseignants, ou des deux, sont associées à la performance. Enfin, les évaluations fondées sur un échantillon peuvent être administrées plus souvent, ce qui permet de se concentrer sur des problèmes émergents. Certaines évaluations nationales sont administrées de façon continue à des échantillons d'élèves selon un système de roulement, ce qui permet aux éducateurs d'accéder en permanence aux données de l'évaluation.

L'évaluation internationale

Pour examiner l'utilisation des données de l'évaluation, il convient également de distinguer si l'évaluation est une opération indépendante ou si elle est réalisée dans le cadre d'une étude internationale. Les études internationales permettent d'obtenir des informations ne pouvant être fournies par une évaluation nationale. Elles peuvent : a) contribuer à définir ce qui est faisable (ce que les élèves peuvent apprendre et à quel âge) en observant la performance des élèves dans des systèmes éducatifs très divers ; b) permettre aux chercheurs d'observer et de décrire les conséquences de différentes pratiques et politiques ; c) mettre en lumière des concepts utiles pour la compréhension de l'éducation, qui peuvent avoir été négligés dans un pays ; et d) contribuer à identifier et à s'interroger sur des croyances et des postulats qui peuvent être considérés comme une évidence

(Chabbott et Elliott, 2003). De plus, les études internationales atteignent généralement des niveaux techniques beaucoup plus élevés, et permettent aux participants de répartir les coûts de développement et de mise en œuvre, sans quoi ces méthodes seraient inaccessibles dans de nombreux systèmes. Les résultats des évaluations internationales, généralement très médiatisés, alimentent le débat sur l'adéquation de l'enseignement dispensé et de la performance des élèves, et permettent de proposer des changements dans les programmes de cours (en particulier en mathématiques et en sciences) (Robitaille, Beaton et Plomp, 2000).

Si les évaluations internationales peuvent (du moins superficiellement) fournir des données comparatives sur la performance des élèves, généralement difficiles à obtenir dans une évaluation nationale, la prudence s'impose lorsqu'il s'agit d'utiliser les constatations pour éclairer les politiques nationales. En effet, le contenu d'un test risque de ne pas être suffisamment représentatif des programmes de cours de chaque pays participant, sachant qu'il doit être administré dans plusieurs pays. De même, il est généralement reconnu que les études internationales n'accordent pas suffisamment d'attention à l'environnement des systèmes éducatifs, et les techniques utilisées risquent de ne pas refléter les subtilités de chaque système, ou de ne pas fournir une connaissance fondamentale de l'apprentissage et de l'influence des facteurs culturels et contextuels locaux (Porter et Gamoran, 2002 ; Watson, 1999). Dans un tel cas, on ne peut se reposer sur le principe que les approches jugées efficaces dans certains systèmes éducatifs nationaux le sont aussi dans d'autres. L'adoption et la mise en œuvre de politiques fondées sur cette hypothèse peuvent être non seulement inadaptées, mais aussi préjudiciables (Robertson, 2005).

Les données issues d'une évaluation internationale fournissent non seulement des comparaisons entre les conditions de plusieurs systèmes éducatifs, mais elles peuvent également servir à examiner en profondeur les aspects d'un système national (sur la base d'analyses à l'échelle du pays) dans ce qui devient, en réalité, une évaluation nationale (ministère de l'Éducation du Koweït, 2008 ; Postlethwaite et Kellaghan, 2008) (voir l'encadré 1.6). D'ailleurs, l'un des objectifs de l'Étude sur la compréhension de l'écrit réalisée en 1990-1991 par l'Association internationale pour l'évaluation du rendement scolaire

> **ENCADRÉ 1.6**
>
> **Deux utilisations des données d'une évaluation internationale**
>
> La distinction entre l'utilisation de données collectées dans une évaluation internationale pour des comparaisons transnationales, et de données collectées pour une analyse nationale peut être illustrée à travers une comparaison des données collectées dans les études de l'Association internationale pour l'évaluation du rendement scolaire (*International Association for the Evaluation of Educational Achievement*, IEA) en Hongrie et en Finlande. En Hongrie, l'objectif était de comparer le système éducatif hongrois à d'autres systèmes nationaux. Cette comparaison a révélé les points suivants : a) les performances en mathématiques et en sciences étaient satisfaisantes, b) les performances en compréhension de l'écrit étaient généralement inférieures à celles d'autres pays, c) les différences de niveau de performance entre les établissements hongrois étaient plus importantes que dans d'autres pays, et d) le contexte familial avait une plus grande influence sur les performances en compréhension de l'écrit en Hongrie que dans d'autres pays (Báthory, 1992). À l'inverse, en Finlande, les données internationales issues des études de l'IEA ont été utilisées pour examiner la qualité de l'éducation en mathématiques et en sciences dans le pays. Ces données, seules données empiriques sur la performance des élèves à l'époque, ont permis de faire des analyses répondant à des besoins particuliers et destinées aux planificateurs, aux responsables des politiques, et aux groupes de travail nationaux ad hoc.
>
> Source : Howie et Plomp, 2005 ; Leimu, 1992.

(*International Association for the Evaluation of Educational Achievement*) était de fournir des données nationales de référence sur la compréhension de l'écrit chez des enfants de 9 à 14 ans en vue de suivre l'évolution des performances au fil du temps (Elley, 1992).

LA SOUS-EXPLOITATION DES CONSTATATIONS DE L'ÉVALUATION NATIONALE

S'agissant de l'utilisation (et la non-utilisation) des constatations d'une évaluation nationale, force est de reconnaître que l'information disponible sur ce sujet est plutôt réduite. Les données sont encore plus rares concernant les utilisations optimales des constatations, ou la prise de décisions politiques basées sur celles-ci. Bien entendu, ces lacunes peuvent ne pas refléter la réalité, car les données sur l'utilisation des résultats des évaluations par les organismes publics peuvent ne pas être accessibles au public.

Les données factuelles disponibles indiquent que l'utilisation des constatations de l'évaluation nationale n'est pas une pratique répandue, malgré le potentiel des informations issues d'une évaluation à provoquer une réforme, et malgré les dépenses réalisées pour obtenir ces informations. Cette observation a été faite, par exemple, dans le cadre de l'élaboration de politiques et de décisions spécifiques (voir Arregui et McLauchlan, 2005 ; Himmel, 1996 ; Olivares, 1996 ; Rojas et Esquivel, 1998) ; elle suggère que l'utilisation des données de l'évaluation nationale est très similaire à l'exploitation des constatations d'autres recherches liées aux politiques (voir le chapitre 4). La description de l'expérience hondurienne est probablement représentative des expériences menées ailleurs (encadré 1.7). Cependant, même s'il n'a pas été possible d'identifier une utilisation spécifique des données de l'évaluation dans ce cas précis, le fait que ces données aient influencé l'opinion publique et suscité une prise de conscience est significatif en soi.

Diverses raisons peuvent expliquer la sous-exploitation des constatations d'une évaluation nationale (tableau 1.1). Premièrement, cela peut être le cas lorsque l'évaluation nationale est considérée

---

ENCADRÉ 1.7

Degré d'utilisation des résultats de l'évaluation nationale au Honduras

« Ces projets ont produit une grande quantité de données et d'informations sur la performance scolaire des élèves ; ces efforts de recherche ont un impact important sur l'opinion publique mais… ils n'ont pas contribué à rendre le système éducatif plus efficient et plus efficace. Les résultats ne sont pratiquement pas utilisés ; ils n'ont pas constitué un véritable mécanisme de contrôle et de responsabilité ; et à ce jour, l'information produite ne semble pas avoir eu de conséquences significatives hormis le fait d'informer, de sensibiliser, et de susciter une prise de conscience. »

Source : Moncada et coll., 2003 : 73, cité par Arregui et McLauchlan, 2005 : 6.

TABLEAU 1.1

Raisons de la sous-exploitation des constatations d'une évaluation nationale, mesures à prendre pour y remédier, et acteurs responsables de ces mesures

Raison	Mesure	Acteur
1. L'activité d'évaluation nationale est considérée comme une activité indépendante, ayant peu de liens avec d'autres activités éducatives	Intégrer l'activité d'évaluation dans les structures, les politiques et les processus de prise de décision existants.	Ministère de l'Éducation
2. Participation insuffisante des parties prenantes à la conception et à la mise en œuvre de l'évaluation	Impliquer toutes les parties prenantes concernées dans la conception et la mise en œuvre de l'évaluation.	Organisme national d'évaluation ; ministère de l'Éducation
3. Non-communication des constatations à tous les acteurs en mesure d'agir	Prévoir des ressources budgétaires pour la diffusion, programmer des activités, et préparer plusieurs rapports adaptés aux besoins de l'utilisateur.	Organisme national d'évaluation
4. Manque de confiance dans les constatations d'une évaluation nationale	S'assurer que l'équipe d'évaluation possède les compétences techniques requises et que les parties prenantes concernées sont impliquées dès le début.	Ministère de l'Éducation
5. Sensibilité politique quant à la publication des constatations	Augmenter les chances ce publication des constatations en organisant régulièrement des discussions entre les parties prenantes.	Ministère de l'Éducation
6. Échec de l'élaboration de mesures appropriées en termes de politique générale à l'issue d'une évaluation	Intégrer l'activité d'évaluation nationale dans les activités de politique et de gestion, et examiner les constatations pour déterminer les implications et les stratégies.	Ministère de l'Éducation
7. Échec de l'élaboration de mesures appropriées au niveau des établissements à l'issue d'une évaluation	Garantir la communication adéquate des constatations auprès des écoles, examiner les constatations, concevoir des stratégies pour améliorer la performance des élèves, et fournir un soutien continu pour leur mise en œuvre.	Organisme national d'évaluation ; ministère de l'Éducation ; établissements et enseignants ; formateurs d'enseignants ; autorités chargées des programmes de cours ; éditeurs de manuels scolaires

comme une activité indépendante, sans grand rapport avec une autre activité éducative. Cela est le plus souvent le cas lorsque l'activité de l'évaluation nationale est nouvelle ou lorsqu'elle est réalisée par des agents extérieurs ou à la demande de bailleurs de fonds. Rust (1999) a notamment fait remarquer qu'en Afrique subsaharienne, les documents de politique sont souvent perçus par les bureaucrates locaux comme un attribut de l'organisme donateur, et par conséquent sans lien avec la prise de décisions politiques au niveau local.

Deuxièmement, il est probable que les conclusions d'une évaluation nationale soient sous-exploitées lorsque les décideurs, les gestionnaires de l'éducation, et d'autres parties prenantes en mesure d'agir sont peu ou pas du tout impliqués dans la conception et la mise en œuvre de l'évaluation.

Troisièmement, étant donné que les évaluations transmettent des informations importantes, il est surprenant que la première étape de l'utilisation (la communication des informations aux parties prenantes concernées telles que les responsables des politiques, les organismes de formation des enseignants, et les bailleurs de fonds) ne soit pas toujours faite de manière satisfaisante, limitant clairement le potentiel d'utilisation. Ce problème résulte peut-être d'une incapacité à budgétiser la diffusion des constatations. Dans les cas où la majorité des ressources et du temps disponibles sont requis pour le développement et l'administration d'instruments et l'analyse des données, il peut ne rien rester pour la production et la diffusion des produits et des services d'information.

Quatrièmement, les défauts de nombreuses évaluations, dans l'élaboration d'instruments, l'échantillonnage et l'analyse peuvent remettre en question la validité des données fournies, ce qui amène des utilisateurs potentiels à réfléchir avant d'agir à partir de ces constatations ou à les rejeter en bloc.

Cinquièmement, si une évaluation nationale identifie des inégalités socioéconomiques et éducatives associées à l'appartenance ethnique, raciale ou religieuse, ce résultat peut être source d'embarras pour les représentants politiques et les pousser à tenter d'éviter la publication des conclusions.

Sixièmement, des décisions appropriées en matière de politique et de gestion sont peu susceptibles d'être prises à l'issue d'une évaluation nationale si aucune procédure ou mécanisme n'a été mis en place a) pour examiner les constatations dans le cadre d'autres activités du même type et b) pour déterminer des mesures à prendre sur la base des constatations de l'évaluation.

Enfin, il est probable que les constatations de l'évaluation resteront sous-exploitées à moins que toutes les parties prenantes capables d'agir : a) soient suffisamment informées de ces constatations, b) évaluent les implications de celles-ci pour leur travail, et c) conçoivent des stratégies destinées à améliorer l'apprentissage des élèves. Par exemple, pour les établissements et les enseignants, tant que des mesures ne sont pas prises pour cadrer les résultats de l'évaluation nationale de manière à répondre aux préoccupations des enseignants (et tant que des fonds ne sont pas fournis pour créer des mécanismes permettant aux enseignants d'utiliser les informations issues d'une évaluation pour orienter la réforme), la loi du moindre effort fera que, dans le meilleur des cas, l'équipe scolaire ignorera l'évaluation nationale et, dans le pire des cas, l'entravera.

Ces observations visent à mettre en garde contre des attentes trop irréalistes au regard des réformes politiques qui peuvent faire suite à une évaluation. Néanmoins, cet ouvrage s'efforce de montrer que les données de l'évaluation peuvent guider les responsables des politiques et les décideurs en précisant les mesures énumérées dans le tableau 1.1, qui visent à remédier à cette sous-exploitation. Quand c'est possible, il fournit des exemples d'utilisation réelle dans de nombreux pays, tant pour susciter l'intérêt du public que dans le cadre d'initiatives des responsables des politiques et des gestionnaires. Il existe moins de données factuelles sur le domaine crucial et plus complexe de l'utilisation dans la classe des constatations de l'évaluation nationale en vue d'améliorer l'apprentissage des élèves.

CONCLUSION

L'utilisation des constatations d'une évaluation nationale dépend d'un certain nombre de facteurs, dont le contexte politique dans lequel elle est réalisée. Reconnaître que l'évaluation peut être considérée en soi comme un acte politique reflétant le pouvoir, l'idéologie et les intérêts des différents acteurs sociaux peut contribuer à la transparence de l'évaluation (et des décisions fondées sur celle-ci).

L'instrument de mesure de la performance des élèves, dont la qualité aura un impact sur l'utilisation potentielle des constatations, est la pierre angulaire d'une évaluation nationale. Pour une utilisation optimale, les instruments de test doivent fournir des informations sur la performance des élèves qui : a) sont exactes et complètes, b) mesurent un éventail de performances, c) fournissent une orientation pour des mesures de correction, et d) sont sensibles aux modifications de l'enseignement. Les tests utilisés dans de nombreuses évaluations nationales sont loin de remplir ces conditions. Ils peuvent se limiter à la mesure de niveaux de savoirs et de savoir-faire plus bas, ne pas contenir un nombre suffisant d'items, être trop difficiles, et de ce fait ne pas donner aux utilisateurs potentiels des bases suffisamment fiables pour élaborer des politiques et prendre des décisions. Pour ces derniers, la valeur d'une évaluation nationale sera renforcée si les données contextuelles collectées sur l'expérience des élèves – et les procédures d'analyse des données – identifient des facteurs déterminants pour l'apprentissage des élèves susceptibles d'être affectés par les politiques. Les responsables des politiques et les gestionnaires de l'éducation qui veulent entreprendre une évaluation nationale doivent prendre une décision primordiale, qui aura des implications sur l'utilisation potentielle de ses constatations : décider s'il faut baser l'évaluation sur un échantillon ou sur un recensement. Une évaluation basée sur un échantillon fournira des informations et un tremplin pour agir au niveau du système, alors qu'une évaluation basée sur un recensement procurera, en outre, des informations sur chaque établissement, ainsi qu'une base d'action pour ceux-ci. Le choix de la première ou de la deuxième option doit être fait en fonction des besoins des responsables des politiques et des gestionnaires en matière d'information, et des coûts impliqués.

Une évaluation basée sur un recensement permet de responsabiliser les établissements sur l'apprentissage des élèves. Avant de décider d'utiliser les constatations de l'évaluation à cette fin, les responsables des politiques doivent examiner de très près a) le nombre limité d'informations qu'une évaluation nationale peut fournir sur la qualité de l'enseignement dispensé par un établissement ; b) l'éventail des personnes, institutions et conditions qui affectent l'apprentissage des élèves ; et c) les conséquences négatives (si involontaires) de l'association d'enjeux élevés à la performance des élèves. Bien qu'une évaluation utilisée à cette fin en tant que mécanisme de pouvoir puisse être corrective à court terme, à plus long terme, les impératifs bureaucratiques associés peuvent corrompre le système qu'elle est censée corriger ou améliorer (Madaus et Kellaghan, 1992).

Lorsque des conséquences directes importantes ne sont pas associées aux résultats, comme c'est le cas dans la plupart des évaluations nationales, l'évaluation est considérée à enjeux faibles, et ses constatations serviront principalement d'outil de planification et de gestion (McDonnell, 2005). Les informations obtenues sont considérées comme une incitation à l'action suffisante pour les représentants politiques, les responsables des politiques, les éducateurs, les parents et le public. Et bien que l'État puisse se dégager de sa responsabilité en matière de performance réelle des élèves, il accepte sa responsabilité d'offrir une éducation publique adéquate et de réduire les inégalités dans la qualité de l'éducation dispensée (et atteinte) pour les élèves provenant de contextes ethniques ou de classes sociales différentes (Reimers, 2003).

Lorsqu'un État adopte cette position, une analyse détaillée des résultats aux tests sera nécessaire pour décrire les performances des élèves et identifier les pratiques des établissements et des enseignants qui améliorent ces performances. Ensuite, les constatations doivent être largement diffusées, des ressources et une assistance technique doivent être fournies pour aider les établissements à identifier les problèmes rencontrés, et un soutien continu doit être apporté pour un processus d'amélioration scolaire.

Cette série d'ouvrages a été écrite principalement pour répondre aux besoins des personnes qui réalisent une évaluation nationale basée sur un échantillon. Cependant, les autres volumes, à l'exception du module sur l'échantillonnage et d'une partie du module d'analyse statistique, sont également pertinents pour la mise en œuvre d'une évaluation basée sur un recensement. Une grande partie de ce volume est également pertinente à ces fins, bien qu'un certain nombre de questions ne le soient pas (par exemple, l'identification des établissements nécessitant une assistance à l'issue d'une évaluation basée sur un échantillon). Les conditions préalables à une utilisation efficace des constatations d'une évaluation nationale sont pertinentes tant pour les évaluations basées sur un échantillon que pour celles basées sur un recensement. Ces conditions sont les suivantes :

- Impliquer les responsables des politiques et les décideurs dans la conception de l'évaluation pour résoudre les problèmes qu'ils jugent urgents
- Communiquer les résultats en temps opportun et de manière intelligible pour les principaux utilisateurs
- Intégrer les informations de l'évaluation dans les structures bureaucratiques existantes et les traduire en politiques, stratégies et instruments de politique (par exemple, des mandats, des stratégies de renforcement des capacités, des incitations, et des politiques de promotion pour motiver l'action)
- S'assurer que les constatations de l'évaluation influent sur les pratiques des enseignants en classe, dans le but d'améliorer l'apprentissage des élèves
- Fournir un soutien politique permanent pour utiliser les constatations dans le but d'instaurer des changements et concevoir des mécanismes qui soutiennent leur application dans des réformes au niveau des classes.

Tout au long de ce volume, où les nombreuses activités générées par une évaluation nationale sont décrites, il est fait référence à des études internationales et basées sur un recensement lorsqu'elles fournissent des données utiles ou lorsqu'elles décrivent des pratiques pertinentes pour une évaluation basée sur un échantillon.

Les chapitres 2 et 3 décrivent les types de rapports nécessaires pour informer les utilisateurs des constatations d'une évaluation. Le chapitre 4 présente les enjeux globaux qui méritent d'être examinés pour traduire ces constatations en politiques et en mesures. Ce chapitre est suivi d'une description d'utilisations spécifiques des données d'une évaluation nationale pour la gestion politique et éducative (chapitre 5), pour l'enseignement (chapitre 6), et pour promouvoir la sensibilisation du public (chapitre 7). Le dernier chapitre (chapitre 8) identifie les conditions susceptibles d'optimiser l'utilisation des constatations d'une évaluation nationale. Il suggère également un certain nombre de moyens de modifier et d'améliorer les activités de l'évaluation nationale en vue d'augmenter leur valeur pour les utilisateurs.

CHAPITRE 2
RENDRE COMPTE D'UNE ÉVALUATION NATIONALE : LE RAPPORT PRINCIPAL

Ce chapitre présente les composantes du rapport principal et essentiel qui rendra compte des constatations d'une évaluation nationale. Ces composantes doivent inclure les résultats mais aussi les procédures suivies tout au long de l'évaluation, afin que les lecteurs puissent juger par eux-mêmes de leur adéquation et leur pertinence. Le rapport constituera également le socle de comptes rendus secondaires des constatations (par exemple, comptes-rendus, communiqués de presse, rapport destiné aux écoles — voir le chapitre 3).

Le rapport principal d'une évaluation nationale doit fournir une description des éléments suivants : a) contexte de l'évaluation, b) objectifs de l'évaluation, c) cadre ayant présidé à la conception de l'évaluation, d) procédures suivies, e) description des performances dans l'évaluation nationale, f) corrélats des performances et g) évolution des performances au fil du temps (si des données appropriées sont disponibles à partir d'un certain nombre d'évaluations). Le nombre de détails présentés dans le rapport principal dépend de l'élaboration ou non d'un rapport technique séparé. La plupart des lecteurs ont des connaissances techniques limitées et ne s'intéressent qu'aux implications de ce rapport pour leur travail. Une grande partie des détails techniques peut être annexée au rapport principal.

Les membres de l'équipe de l'évaluation nationale et les principaux intervenants doivent dès le départ définir les modalités de la conception du rapport principal, de la collecte des données et de la présentation des résultats. Pour faciliter un consensus sur la méthode de publication des résultats, il est conseillé de créer une série de tableaux vides ou factices et de s'entendre sur les variables précises et les données associées à chaque tableau. À titre d'exemple, le tableau 2.1 présente des données nationales sur les élèves classées par matière et par sexe. Le tableau 2.2 fournit des résultats par province, qui permettront aux responsables des politiques de comparer les niveaux d'acquis des élèves peu performants (5e percentile) et très performants (95e percentile) dans chaque province. Le tableau 2.3 compare le niveau de performance des élèves sur deux périodes. Le tableau 2.4 vise à identifier les relations entre les performances des élèves et un certain nombre de variables pertinentes pour les politiques éducatives.

TABLEAU 2.1

Scores moyens (et écarts-types) des garçons et des filles dans une évaluation nationale de langue et de mathématiques

	Langue		Mathématiques	
	Garçons	Filles	Garçons	Filles
Moyenne				
Écart-type				

TABLEAU 2.2

Scores moyens (et écarts-types) et scores à divers rangs percentiles dans une évaluation nationale des sciences, par province

Province	Moyenne	Écart-type	Score de rangs percentiles			
			5e	25e	75e	95e
1						
2						
3						
4						
5						
6						
National						

Remarque : Ces données peuvent être utilisées pour préparer un diagramme de quartiles.

TABLEAU 2.3

Scores moyens de performance (et écarts-types) dans une évaluation nationale administrée sur deux périodes

Première administration		Deuxième administration		Statistiquement significatif ?
Moyenne	Écart-type	Moyenne	Écart-type	

Remarque : Il faut tenir compte du fait que les deux moyennes sont basées sur des échantillons lors du calcul de l'importance de la différence entre elles.

TABLEAU 2.4

Corrélation entre les scores moyens de performance en compréhension de l'écrit et les facteurs scolaires dans une évaluation nationale en 5ᵉ année

Variables	r
Effectif moyen dans la classe, 5ᵉ année	
Nombre moyen de manuels par élève, 5ᵉ année	
Pourcentage d'élèves ayant une place assise en cours d'écriture, 5ᵉ année	
Nombre d'enseignants en classe dans l'établissement	
Nombre d'élèves inscrits dans l'établissement	
Nombre d'années d'expérience dans l'enseignement (enseignants de 5ᵉ année)	
Niveau de qualification des enseignants (enseignants de 5ᵉ année)	
Nombre de ressources pour une classe	

LE CONTEXTE DE L'ÉVALUATION NATIONALE

Dans la description du contexte, il est possible de souligner l'importance de recueillir des informations sur l'apprentissage des élèves pour fournir la base de décisions en matière de politique et de gestion. La prise en compte de données issues d'études antérieures sur les performances des élèves (si elles sont disponibles) sera pertinente.

LES OBJECTIFS DE L'ÉVALUATION NATIONALE

L'objectif principal de l'évaluation nationale doit être précisé : par exemple, fournir des données probantes sur l'apprentissage des élèves dans le système éducatif. Des objectifs plus spécifiques peuvent être également indiqués : par exemple, définir les normes de lecture actuelles des élèves de 4e année ; comparer la performance des élèves des établissements privés et publics ; suivre les tendances de l'apprentissage des élèves dans le temps ; décrire les ressources scolaires ; examiner les facteurs relatifs à l'école, au contexte familial et à l'élève qui peuvent être liés à la performance en compréhension de l'écrit ; et fournir une base pour les évaluations futures.

LE CADRE DE L'ÉVALUATION NATIONALE

Un cadre d'évaluation est un plan ou un schéma global décrivant les éléments évalués en termes de savoirs, de savoir-faire et autres attributs, et comment ils sont évalués. Le cadre guide le développement de l'évaluation et en garantit la transparence, pour les acteurs qui élaborent les instruments d'évaluation, mais également pour le public élargi qui prendra connaissance du rapport. Le chapitre 2 du volume 2 de cette série explique comment élaborer un cadre d'évaluation (Anderson et Morgan, 2008).

Le Programme international de recherche en lecture scolaire (PIRLS) fournit un exemple de description du construct évalué dans son étude sur les performances en compréhension de l'écrit des élèves âgés de 9 ans (Mullis et coll. 2006 ; voir également le volume 1 de cette série et Greaney Kellaghan 2008 : annexe B2). La compréhension de l'écrit est appréhendée à travers deux objectifs (lecture en tant qu'expérience littéraire, et lecture pour acquérir et utiliser l'information) et quatre processus (identifier et extraire des informations explicites, faire des déductions simples, interpréter et intégrer des idées et des informations, et examiner et évaluer le contenu).

Un cadre décrit également les instruments utilisés pour évaluer la performance. L'intégration d'exemples types d'items utilisés dans l'évaluation est utile pour renseigner les lecteurs sur la nature des tâches demandées. Bien sûr, ces items ne comprendront pas ceux qui seront intégrés dans les évaluations futures.

LES PROCÉDURES D'ADMINISTRATION DE L'ÉVALUATION NATIONALE

Une description de la méthode utilisée et du moment où les données seront recueillies doit être fournie. Cette description comprendra l'identification de la population évaluée, la sélection des établissements ou des élèves participants, et les données sur les exclusions et la non-participation.

LA DESCRIPTION DES PERFORMANCES DANS L'ÉVALUATION NATIONALE

Au moment de choisir la présentation des constatations d'une évaluation nationale, il faudra garder à l'esprit que les informations fournies doivent répondre aux besoins des responsables des politiques et des décideurs et les aider à résoudre de manière constructive des problèmes de politique. Le choix d'un seul indice de performance des élèves (par exemple, un score total de mathématiques) ou de plusieurs indices (par exemple, des scores distincts pour le calcul et la résolution de problèmes) peut être pertinent. Bien que les responsables des politiques préfèrent généralement des statistiques sommaires, des rapports fondés sur un seul indice risquent fortement d'occulter des informations importantes et de limiter les initiatives pouvant être prises à l'issue de l'évaluation (Kupermintz et coll., 1995).

Les résultats sont de plus en plus fréquemment présentés sous la forme d'une description des performances en termes de niveaux de compétence. La procédure implique un ancrage de l'échelle, qui comporte deux composantes : a) une composante statistique identifiant les items qui distinguent des points successifs sur l'échelle de compétence en utilisant des caractéristiques particulières de l'item (par exemple, la proportion de réponses correctes à des items à différents niveaux de score), et b) une composante de consensus dans laquelle des items identifiés sont utilisés par les spécialistes des programmes de cours pour fournir une interprétation des connaissances et des aptitudes des groupes d'élèves aux points concernés ou aux alentours de ceux-ci (Beaton et Allen, 1992). Les niveaux peuvent être identifiés (par exemple, satisfaisant/insatisfaisant ; minimum/souhaité ; élémentaire/compétent/avancé), ainsi que la proportion d'élèves atteignant chaque niveau. Le tableau 2.5 présente des données issues d'une évaluation nationale à Maurice.

Le tableau 2.6 sur les niveaux de performance en mathématiques dans l'Évaluation nationale des progrès de l'éducation (NAEP) aux États-Unis va plus loin que le tableau 2.5 et définit la performance selon une échelle de niveaux de compétence. Le pourcentage d'élèves (dans les établissements publics) à chaque niveau est passé de 44 % au niveau élémentaire, à 30 % au niveau compétent et à 5 % au niveau avancé. Ainsi, 79 % des élèves ont atteint ou dépassé le niveau élémentaire (Perie, Grigg, et Dion, 2005).

L'approche adoptée pour établir des niveaux de compétence diffère dans le PIRLS 2001. Les seuils ont été déterminés d'abord en spécifiant le pourcentage d'élèves dans chaque catégorie de référence, puis en examinant les savoir-faire en compréhension de l'écrit et les stratégies associées à chaque niveau (figure 2.1).

Les responsables des politiques vietnamiens, en collaboration avec d'autres parties intéressées telles que les concepteurs de programmes de cours, ont identifié six niveaux de performance en lecture pour les élèves de 5e année à l'aide des informations statistiques et des jugements d'experts (tableau 2.7). Les responsables des politiques ont utilisé les données pour comparer les performances aux niveaux national, provincial et autres.

TABLEAU 2.5

Pourcentage d'élèves ayant des scores de niveaux de maîtrise minimum et souhaité dans les tests de littératie, de numératie et de compétences pratiques : Maurice

Matière	Pourcentage d'élèves	
	Niveau minimum ou plus	Niveau souhaité ou plus
Littératie	77,6	35,4
Numératie	70,3	26,4
Compétences pratiques	71,6	32,4

Source : Mauritius Examinations Syndicate 2003. Reproduction autorisée.

TABLEAU 2.6

Niveaux de performance en mathématiques, NAEP, 4ᵉ année : États-Unis

Niveau	Performances attendues en 4ᵉ année
Niveau élémentaire	Les élèves doivent démontrer leur compréhension des concepts et des procédures mathématiques dans les cinq domaines de contenu de la NAEP. Ils doivent être en mesure de faire des estimations et d'utiliser des faits de base pour effectuer des calculs simples avec des nombres entiers, démontrer une certaine compréhension des fractions et des décimaux, et résoudre certains problèmes simples de la vie courante dans tous les domaines de contenu de la NAEP. Ils doivent être en mesure d'utiliser, mais pas toujours de façon exacte, des calculatrices à quatre fonctions, des règles et des formes géométriques. Leurs réponses écrites seront souvent minimes et présentées sans justifications.
Compétent	Les élèves doivent toujours appliquer des connaissances de procédure intégrée et une compréhension conceptuelle pour résoudre des problèmes dans les cinq domaines de contenu de la NAEP. Ils doivent être en mesure d'utiliser des nombres entiers pour estimer, calculer et déterminer si les résultats sont raisonnables. Ils doivent avoir une compréhension conceptuelle des fractions et des décimaux, être en mesure de résoudre les problèmes de la vie courante dans tous les domaines de contenu de la NAEP et, utiliser de manière appropriée des calculatrices à quatre fonctions, des règles et des formes géométriques. Ils doivent utiliser des stratégies de résolution de problèmes tels que l'identification et l'utilisation de l'information appropriée. Leurs solutions écrites doivent être organisées et accompagnées des justifications et du raisonnement suivi pour trouver la solution.
Avancé	Les élèves doivent savoir appliquer les connaissances de procédure intégrée et une compréhension conceptuelle de la résolution de problèmes complexes et peu courants du monde réel dans les cinq domaines de contenu de la NAEP. Ils doivent maîtriser l'utilisation des calculatrices à quatre fonctions, des règles et des formes géométriques. Ils doivent être capables de tirer des conclusions logiques et de justifier leurs réponses et démarches de solution en expliquant pourquoi et comment les solutions ont été trouvées. Ils doivent aller au-delà de l'évidence dans leurs interprétations et être en mesure d'exprimer leur pensée de manière claire et concise.

Source : Centre national de statistiques de l'éducation, États-Unis, 2006a.

Dans de nombreuses évaluations nationales, la variance en termes de performance des élèves est divisée en composantes inter et intra-établissements. Ce processus consiste à calculer le taux d'homogénéité intraclasse (*roh*), qui mesure l'homogénéité de la performance des élèves au sein des établissements. Il renseigne sur la mesure de la variation de performance entre élèves au sein des établissements (au sein de grappes) et entre établissements (entre grappes). Un faible coefficient intraclasse signifie que les performances des établissements sont à des niveaux comparables, tandis qu'un fort coefficient indique une variation croissante de la performance des élèves entre établissements (Postlethwaite, 1995). Les conclusions des études internationales (par exemple, PIRLS ou le Programme international pour le suivi des acquis des élèves ou PISA) indiquent des différences considérables entre les systèmes éducatifs dans la valeur de la corrélation intraclasse. En outre, les systèmes dans lesquels le niveau national des performances est faible ont tendance à afficher des différences plus importantes entre établissements.

FIGURE 2.1

Compétences et stratégies de lecture et scores seuils, par points de référence, pour l'échelle combinée de compétence en compréhension de l'écrit de 4ᵉ année, PIRLS 2001

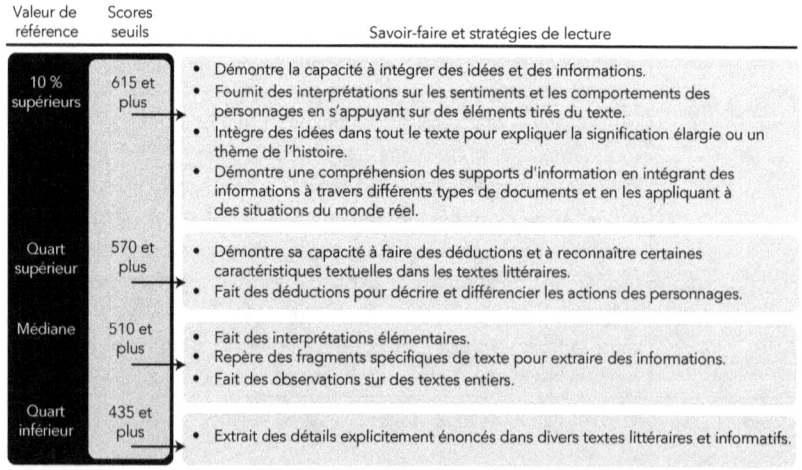

Source : Ogle et coll. 2003 : figure 5.

TABLEAU 2.7

Niveaux de savoir-faire en compréhension de l'écrit dans l'évaluation nationale, 4ᵉ année : Vietnam

Niveau de savoir-faire	Performance	Pourcentage des élèves	Écart-type
1	L'élève fait la correspondance au niveau du mot ou de la phrase, à l'aide des illustrations. Le savoir-faire se limite à un registre de vocabulaire restreint lié aux illustrations.	4,6	0,17
2	L'élève localise le texte exprimé en phrases courtes et répétitives et peut le comprendre sans l'aide d'illustrations. Le type de texte se limite à des phrases courtes et des phrases à schémas répétitifs.	14,4	0,28
3	L'élève lit et comprend des passages plus longs. Il peut rechercher des informations de haut en bas ou de bas en haut dans le texte et comprendre des paraphrases. Un vocabulaire élargi lui permet de comprendre des phrases à structure complexe.	23,1	0,34
4	L'élève relie les informations tirées de différentes parties du texte. Il sélectionne et relie le texte pour trouver et déduire différentes significations possibles.	20,2	0,27
5	L'élève fait des déductions et identifie l'intention de l'auteur à partir d'informations énoncées de différentes manières, dans différents types de textes et dans des documents où le message n'est pas explicite.	24,5	0,39
6	L'élève combine le texte à des connaissances externes pour déduire diverses significations, y compris des significations cachées. L'élève identifie les buts, les attitudes, les valeurs, les croyances, les motivations, les hypothèses implicites et les arguments de l'auteur.	13,1	0,41

Source : Banque mondiale 2004, Vol. 2 : tableau 2.1.

LES CORRÉLATS DES PERFORMANCES

Une évaluation nationale recueille généralement des informations sur les facteurs démographiques et autres facteurs contextuels qui permettront de comparer les performances de sous-groupes de la population. Lorsqu'elles sont rapportées aux analyses statistiques de la performance des élèves, ces informations peuvent fournir des réponses à des questions primordiales dans une évaluation nationale, telles que :

- Un groupe particulier est-il mal desservi par le système ?
- Les écarts de performance entre les groupes sont-ils assez importants pour justifier des mesures correctives ?
- Quels facteurs sont associés aux faibles performances ?

De cette façon, en reliant les résultats aux données fournies et aux processus utilisés, une évaluation nationale décrit la situation « telle qu'elle est ». Cependant, elle peut également indiquer « ce qui pourrait être » en démontrant que certains secteurs du système parviennent à des résultats préférables (performances élevées), et en tentant d'identifier les facteurs associés au succès relatif.

Si la taille des échantillons d'une évaluation nationale est suffisamment grande, des données peuvent être fournies sur la performance par sexe, par région (par exemple, la province), par lieu géographique (zone urbaine ou rurale), par appartenance à des groupes ethniques ou linguistiques, et par type d'établissement fréquenté (public ou privé). Poussées en partie par l'importance accordée aujourd'hui à l'égalité des sexes dans l'Initiative de la mise en œuvre accélérée du programme Éducation pour tous, les évaluations nationales sont habituellement attentives aux différences de performance entre garçons et filles. La figure 2.2 résume les résultats de l'évaluation nationale au Sri Lanka pour les pourcentages de garçons et de filles « maîtrisant » leur langue maternelle, les mathématiques et l'anglais.

Une évaluation nationale au Koweït a également identifié des différences entre les genres dans les performances de compréhension de l'écrit (figure 2.3). Dans ce cas, ces différences ont été associées au temps passé devant la télévision. Sans surprise, peut-être, les longs moments passés devant le petit écran ont été associés à des scores inférieurs de performances en lecture.

RENDRE COMPTE D'UNE ÉVALUATION NATIONALE : LE RAPPORT PRINCIPAL | 43

FIGURE 2.2

Pourcentages de garçons et de filles maîtrisant une matière dans l'évaluation nationale, 4ᵉ année : Sri Lanka

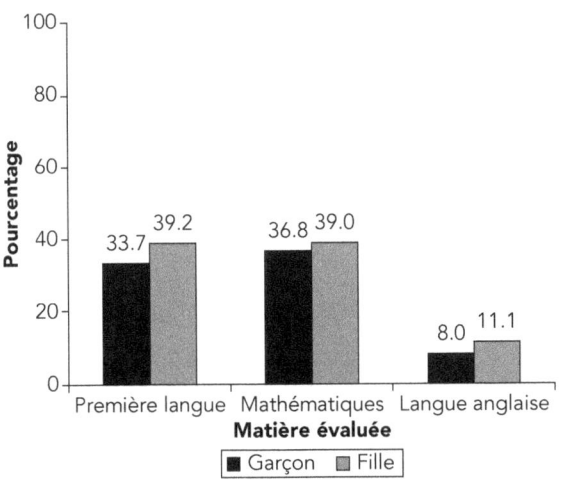

Source : Centre national de recherches et d'évaluation en éducation du Sri Lanka, 2004 : figure 4.44. Reproduction autorisée.

FIGURE 2.3

Pourcentage d'élèves regardant la télévision sur des durées variables, par sexe et score moyen en compréhension de l'écrit : Koweït

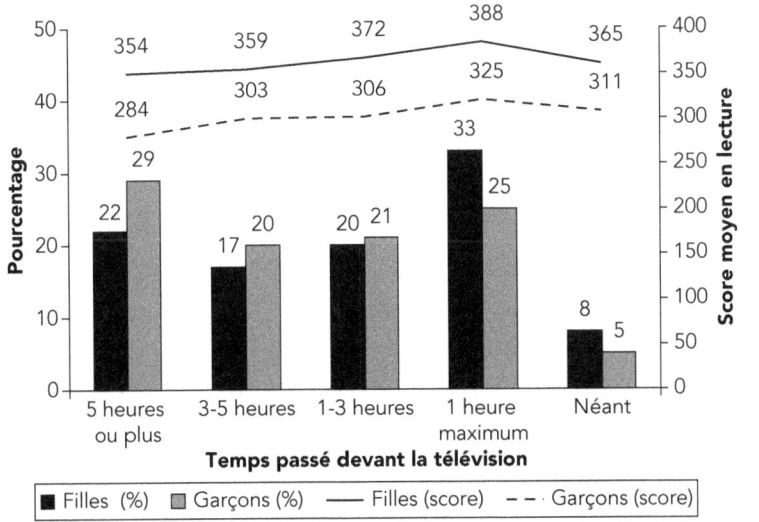

Source : Ministère de l'Éducation du Koweït, 2008. Reproduction autorisée.

Le tableau 2.8 fournit des informations sur les performances en mathématiques de groupes raciaux en Afrique du Sud sur la base des données recueillies pour les Tendances de l'enquête internationale sur les mathématiques et les sciences (TIMSS). Le tableau 2.9 fournit des informations sur les différences régionales dans une évaluation nationale au Népal.

L'évaluation nationale réalisée en Éthiopie fournit également des informations sur la répartition des performances par région (figure 2.4). Les constatations de l'évaluation suggèrent au moins

TABLEAU 2.8

Scores moyens en mathématiques, 8ᵉ année, par groupe racial, Afrique du Sud

Groupe racial	Nombre d'élèves	Score moyen	Écart-type	Minimum	Maximum
Africain	5 412	254	1,2	5	647
Asiatique	76	269	13,8	7	589
De couleur	1 172	339	2,9	34	608
Indien	199	341	8,6	12	612
Blanc	831	373	4,9	18	699
Total ou moyenne globale[a]	8 147	275	6,89		
Moyenne internationale		487	0,7		

Source : Howie 2002. Reproduction autorisée.
a. Basé sur l'ensemble de données nationales de l'Afrique du Sud pour la Troisième étude internationale sur les mathématiques et les sciences.

TABLEAU 2.9

Scores moyens dans l'évaluation nationale de la langue népalaise, 5ᵉ année, par région : Népal

Région	Nombre	Scores moyens	Écart type
Orientale	802	51,32	16,7
Centrale	932	50,91	19,5
Occidentale	1 018	52,89	13,2
Centre-ouest	465	50,78	12,7
Extrême ouest	293	49,71	13,2

Source : Centre de services d'éducation et de développement du Népal 1999. Reproduction autorisée.

FIGURE 2.4

Différences régionales en termes de performances, 4ᵉ année : Éthiopie

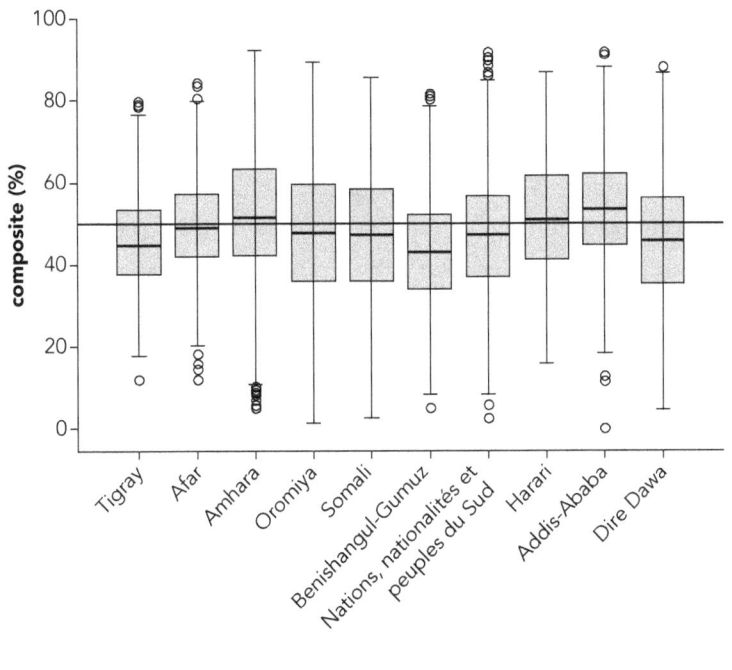

Source : Gebrekidan 2006. Reproduit avec l'autorisation de l'Agence éthiopienne d'assurance qualité et des examens.
Remarque : La moyenne est représentée par la ligne noire épaisse ; le cadre s'étend d'un écart-type (ET) de -1 à +1 et les lignes de fond d'un ET de -1,96 à 1,96. Les marques en dehors des lignes de fond représentent des valeurs aberrantes ou extrêmes.

deux options politiques. Elles indiquent que le soutien pourrait être destiné aux régions comptant le plus grand nombre d'élèves aux performances faibles (Oromiya, Somali, Dire Dawa) sur une mesure composite (basée sur les scores des tests de compréhension de l'écrit, mathématiques, sciences environnementales et anglais). D'autre part, la décision d'apporter un soutien pourrait être fondée sur les scores moyens des performances les plus faibles (Tigré, Benishangul Gumuz).

Nombre d'évaluations nationales (mais ce n'est pas le cas de toutes) recueillent dans les questionnaires des informations sur certains aspects de l'expérience éducative des élèves et leur environnement familial et communautaire pour obtenir des indices sur les facteurs scolaires et extrascolaires qui influent sur leurs performances scolaires. Dans l'évaluation nationale du Vietnam, par exemple, un coin bureau au domicile de l'élève a été associé à une performance plus élevée, même lorsque des évaluations plus globales du contexte familial étaient prises en compte. Les bonnes ou les mauvaises performances des établissements et des élèves peuvent également être identifiées en tenant compte de la régularité des repas et du nombre de jours d'absence à l'école (Banque mondiale 2004).

L'interprétation des résultats des analyses dans lesquelles la performance des élèves est liée à d'autres variables nécessite une certaine prudence. La conclusion selon laquelle les facteurs liés à la performance des élèves peuvent être considérés comme influant ou à l'origine de ladite performance peut ne pas être justifiée pour un certain nombre de raisons, notamment :

- Les interprétations causales des relations identifiées dans les données transversales ne peuvent généralement être maintenues que si elles sont étayées par d'autres faits probants.
- Le nombre d'écoles ou d'élèves dans certaines catégories peut s'avérer trop faible pour permettre d'aboutir à des déductions fiables.
- Les méthodes d'analyse statistique peuvent être inappropriées. Les analyses qui explorent la relation entre deux variables (par exemple, la taille de la classe et la performance) sans tenir compte des interactions complexes dans les données (par exemple, entre la qualification des enseignants et la situation géographique de l'établissement) peuvent conduire à des interprétations erronées.
- Des analyses complexes sont requises pour connaître l'influence, sur les résultats scolaires, des facteurs interdépendants au niveau de l'élève, de l'établissement et de la classe. Pour cette raison, des techniques statistiques multi-niveaux et multi-variables sont nécessaires. Ces techniques isolent les effets nets d'une variable en supprimant ou en ajustant systématiquement l'effet des groupes de variables pour montrer que des différences significatives existent ou non chez les élèves et dans les établissements après ajustement. Par exemple, une conclusion selon laquelle les établissements privés sont supérieurs aux établissements publics, et qui s'appuie sur

la constatation que les élèves du privé ont des niveaux de performance supérieurs à ceux du public, peut ne pas être soutenue lorsque les résultats des élèves sont ajustés pour tenir compte de leur milieu socioéconomique.

La complexité de l'identification des causes de la performance sera mieux appréciée si l'on garde à l'esprit que, trop souvent, les variables de base étudiées dans le cadre d'une évaluation nationale ne peuvent être que des substituts des facteurs affectant plus en profondeur, et de manière plus diffuse, l'apprentissage des élèves. Dans ce cas, d'autres données de recherche doivent être prises en considération, sachant que les analyses statistiques sophistiquées peuvent également s'avérer inadéquates. Par exemple, si l'analyse révèle une corrélation positive entre l'apprentissage des élèves et le nombre de livres à domicile (voir la figure 2.5), la conclusion selon laquelle il existe un lien causal entre le nombre de livres et la performance des élèves – malgré la prise en compte d'autres variables – ne peut être justifiée. Certes, l'accès aux livres est important, mais il est possible que l'apprentissage des élèves

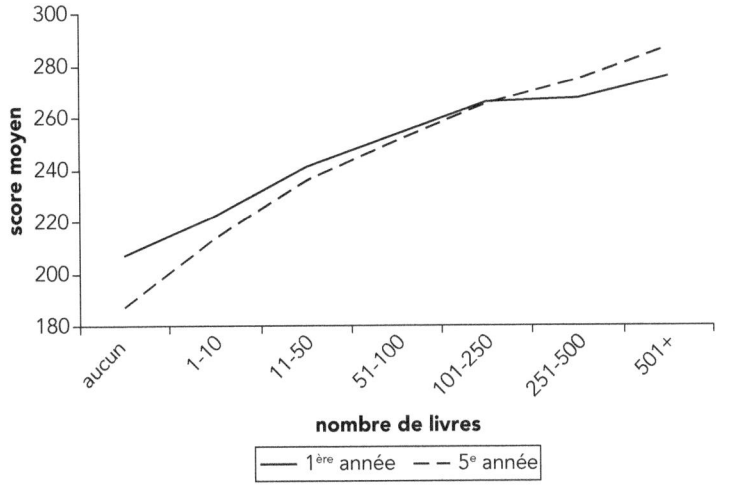

FIGURE 2.5

Scores moyens aux tests de compréhension de l'écrit des élèves par rapport au nombre de livres à la maison, 1ère et 5e années : Irlande

Source : Eivers et coll. 2005a : figure 4.2.

ne dépende pas directement de la disponibilité des livres, mais plutôt d'un environnement qui valorise les livres, notamment des parents qui mettent en avant la valeur de la réussite scolaire, fournissent une orientation et un soutien à leurs enfants, les poussent à explorer et débattre d'idées et d'événements, et fixent des normes et des attentes élevées en termes de réussite scolaire (voir Kellaghan et coll. 1993).

L'ÉVOLUTION DES PERFORMANCES DANS LE TEMPS

Les évaluations nationales démontrent qu'il y a une évolution des performances des élèves au fil du temps lorsque les instruments d'évaluation sont correctement liés. Lorsque ces informations sont disponibles, les constatations peuvent être présentées, comme dans l'évaluation nationale américaine (NAEP) des années 1971 à 2004 (figure 2.6). Le diagramme des scores moyens de compréhension de l'écrit indique que

FIGURE 2.6

Tendances des scores moyens de l'échelle de compréhension de l'écrit pour les élèves de 9, 13, et 17 ans, NAEP, 1971–2004 : États-Unis

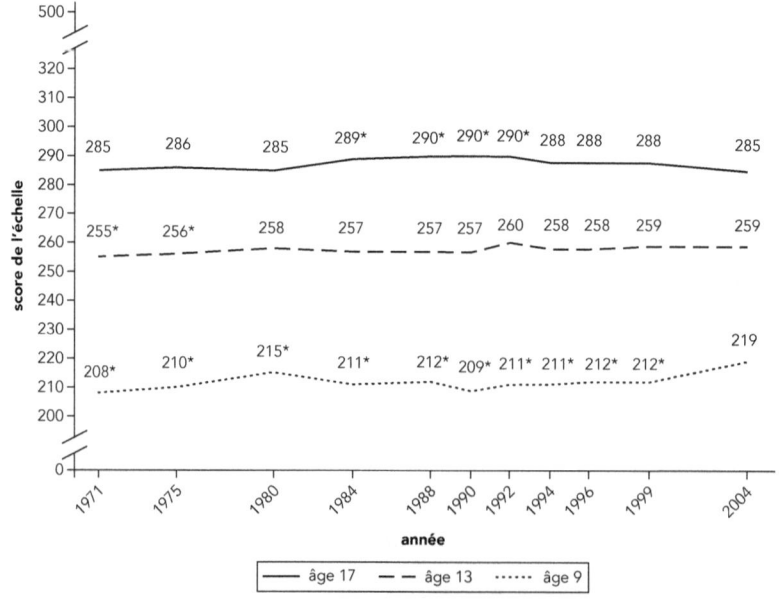

Source : Centre national de statistiques de l'éducation des États-Unis d'Amérique 2005.
Remarque : *indique qu'un score diffère sensiblement du score de 2004.

le score moyen en lecture des élèves de 9 ans en 2004 était plus élevé que dans toutes les années précédentes. Pour les élèves de 13 ans, le score moyen en 2004 était plus élevé qu'en 1971 et 1975, mais égal au score moyen des autres années. En 2004, le score moyen des élèves de 17 ans avait chuté à partir de 1992. Le volume 1 de cette série (Greaney et Kellaghan 2008, 134) rapporte des changements au fil du temps dans les scores de littératie dans un certain nombre de pays africains.

Si les instruments d'évaluation le permettent (c'est-à-dire, s'ils fournissent une représentation adéquate des sous-domaines du programme de cours), les évaluations nationales peuvent fournir des preuves de changement non seulement dans les mesures brutes de la performance des élèves, mais également dans les sous-domaines d'un domaine du programme de cours. Par exemple, les tests utilisés dans les évaluations nationales du niveau 5 en Irlande ont permis d'évaluer la performance des élèves dans un certain nombre de domaines et de compétences en mathématiques. Les résultats des évaluations de cinq domaines mathématiques, administrées en 1999 et 2004, sont présentés dans la figure 2.7. Les différences entre les années ne sont

FIGURE 2.7

Pourcentage moyen des scores corrects dans le domaine des mathématiques en 5ᵉ année dans l'évaluation nationale, 1999 et 2004 : Irlande

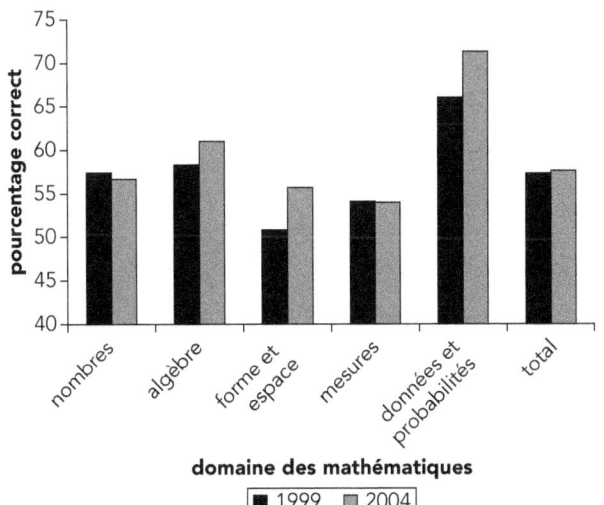

Source : Surgenor et coll. 2006 : figure 3.1.

FIGURE 2.8

Pourcentage moyen des scores corrects pour les compétences en mathématiques en 5ᵉ année dans l'évaluation nationale, 1999 et 2004 : Irlande

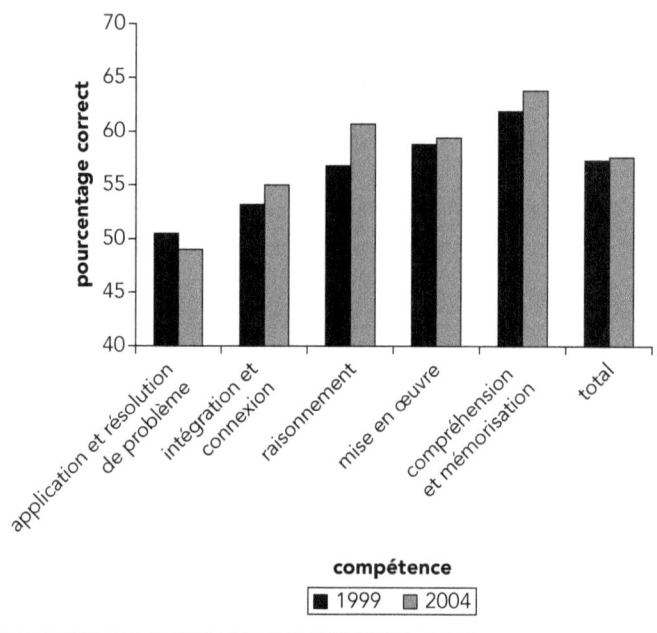

Source : Surgenor et coll. 2006 : figure 3.2.

statistiquement significatives que pour « forme et espace » et « données et probabilités ». Dans les deux cas, une amélioration a été enregistrée entre 1999 et 2004.

Les données de la même évaluation nationale sont fournies pour cinq domaines de compétences en mathématiques dans la figure 2.8. Dans ce cas, seule l'augmentation pour le domaine du « raisonnement » était significative entre 1999 et 2004.

Dans de nombreux pays, la nécessité de suivre les progrès accomplis dans la réalisation des objectifs du Millénaire pour le développement (OMD) liés à l'enseignement primaire universel pour 2015 renforce l'intérêt pour l'évaluation de la performance au fil du temps. Les efforts visant à améliorer la qualité de l'éducation devront toutefois se poursuivre malgré les problèmes dus à l'accroissement des effectifs et à la baisse des budgets. Au Malawi, par exemple, les performances se sont fortement détériorées à la suite d'une campagne en faveur de la scolarisation pour tous sans fournir les ressources nécessaires pour pallier la suppression des frais de scolarité et l'augmentation des effectifs (Altinok 2008).

CONCLUSION

Le rapport principal d'une évaluation nationale doit fournir suffisamment de détails sur l'étude pour devenir une source principale d'informations sur l'évaluation. Dans le même temps, il ne doit pas encombrer le lecteur d'informations techniques trop nombreuses. Certains rapports le font, mais d'autres manquent de fournir les informations adéquates sur les aspects techniques de l'étude, le contenu des tests de performance, les méthodes utilisées, ou fournissent des estimations erronées et biaisées.

Une autre erreur consiste à présenter des données uniquement sous forme de tableaux. Peu d'utilisateurs potentiels ont la capacité de tirer des conclusions à partir de tableaux ; il est par conséquent préférable d'utiliser des schémas ou des graphiques. Par ailleurs, un rapport qui repose essentiellement sur des tableaux risque de ne pas accorder suffisamment d'importance aux constatations susceptibles d'expliquer les relations identifiées par l'évaluation – par exemple, l'importance d'une variable (telles que le contexte familial) et ce que l'on sait sur son influence sur la performance des élèves. Ces informations sont cependant essentielles quand les utilisateurs doivent évaluer l'importance des constatations et juger quelles mesures ou actions doivent être prises pour combler les lacunes identifiées.

Les points de vue et les pratiques diffèrent sur l'inclusion ou non de recommandations au sein du rapport. Certains rapports nationaux (et internationaux) en contiennent, d'autres non. Les équipes d'évaluation nationale doivent préciser dès le départ si le ministère de l'Éducation attend un rapport avec des recommandations. Dans ce cas, les équipes d'évaluation nationale doivent s'assurer de déterminer si les recommandations doivent être incluses uniquement lorsqu'elles découlent directement de l'étude de l'évaluation nationale ou si des considérations plus larges, telles que des résultats de recherche pertinents, peuvent être prises en compte.

CHAPITRE 3

RAPPORT D'UNE ÉVALUATION NATIONALE : AUTRES OUTILS DE COMMUNICATION DES CONSTATATIONS

Dans la majorité des cas, le seul rapport publié à l'issue d'une évaluation nationale est le rapport principal, décrit dans le chapitre 2. Toutefois, les utilisateurs potentiels des données d'évaluation pouvant être nombreux et leurs exigences diverses, ce chapitre décrit d'autres méthodes de communication des résultats, adaptées à une variété de besoins. Elles comprennent la publication de rapports détaillés ou de brefs communiqués de presse, l'organisation de sessions d'information individuelles sur les principales conclusions d'une évaluation. Bien que les concepteurs des programmes de cours et les auteurs des manuels scolaires aient besoin d'informations détaillées sur l'apprentissage des élèves (peut-être encore plus détaillées que dans le rapport principal), un ensemble de conclusions ou de points clés doit être présenté aux citoyens susceptibles d'avoir des connaissances limitées en matière de statistique.

Pérez (2006) a identifié plusieurs principes généraux applicables aux constatations d'une évaluation nationale :

- Utiliser un langage simple, de préférence sur des supports engageants tels que des vidéos.
- Identifier clairement les parties prenantes et adapter les événements et les moyens de communication à leurs besoins.

- Envisager de faire appel à des dirigeants publics et crédibles pour défendre les résultats.
- Diffuser l'information dans les médias. Les événements doivent être correctement annoncés.
- Utiliser des slogans et des messages simples et faciles à comprendre. Par exemple, l'affirmation « un enfant de huit ans doit être capable de lire une histoire de 60 mots en une minute et répondre à trois questions sur son contenu » illustre ce que signifie une norme.
- Étayer tous les matériels de diffusion télé ou radio ou destinés au grand public (y compris les présentations PowerPoint) par des données techniques.

Ce chapitre décrit les procédures et les instruments pouvant être utilisés par une équipe d'évaluation nationale outre le rapport principal : sessions d'information aux personnels des ministères et hauts fonctionnaires ; préparation de comptes-rendus ; publication de rapports de synthèse, de rapports techniques et de rapports thématiques ; diffusion de rapports dans les médias ; diffusion de communiqués de presse ; organisation de conférences de presse ; organisation de sessions d'information individuelles ; publication de rapports sur Internet ; et mise à disposition des données de l'évaluation.

LA FICHE TECHNIQUE PRODUIT

Le responsable d'une évaluation nationale peut juger utile de préparer une fiche technique produit lors de la planification des rapports. Cette fiche doit contenir les éléments suivants :

- Nom du produit (par exemple, Rapport principal)
- Description sommaire du produit
- Utilisateurs ciblés
- Priorité du produit
- Description détaillée du produit
- Activités de production clés, responsabilités et calendrier
- Coûts de production
- Date de diffusion prévue (et lieu, le cas échéant)
- Prix du produit
- Dépendance à l'égard d'autres produits ou intrants.

Le nombre potentiel de produits et de services étant presque inévitablement voué à dépasser les ressources techniques et financières disponibles de l'équipe nationale d'évaluation, il convient de fixer des priorités afin que les produits présentant le plus grand potentiel de réforme soient finalisés. Toutefois, l'équipe d'évaluation nationale doit planifier et chiffrer le coût de la gamme complète des produits et services, afin de pouvoir réagir rapidement si des fonds supplémentaires se libèrent.

L'INFORMATION DES MINISTRES ET DES HAUTS FONCTIONNAIRES

Les équipes d'évaluation nationale doivent préparer des comptes-rendus d'information (probablement sous forme écrite) aux ministres et hauts fonctionnaires du ministère de l'Éducation. Ceux-ci voudront des informations concises sur les constatations d'une évaluation et leurs implications potentielles (Beaton et Johnson, 1992). Le compte-rendu doit être court et direct, car les ministres reçoivent généralement quotidiennement de nombreux documents à lire.

Les ministres et hauts fonctionnaires sont rarement intéressés par la lecture de rapports complets, mais ils doivent prendre connaissance des principales constatations de l'évaluation et connaître à l'avance les questions susceptibles d'être posées par les médias, le parlement ou les parties prenantes du système éducatif (par exemple, les syndicats d'enseignants) au moment de la publication de l'évaluation. Ils ont besoin de ces informations, même si les nouvelles sont « mauvaises ». Pour certains publics, les « bonnes » nouvelles ne sont pas toujours les bienvenues, car cela peut signifier l'inutilité de ressources supplémentaires.

Une attention particulière doit être accordée à la façon dont les résultats différentiels des sous-groupes de population sont communiqués et interprétés. Le fait que certains d'entre eux obtiennent de mauvais résultats peut s'avérer politiquement embarrassant pour les représentants politiques, qui peuvent être accusés d'avoir négligé ces segments de la population. Cela peut même constituer une raison de ne pas mener d'évaluation nationale ou de ne pas publier les résultats d'une évaluation déjà réalisée.

De nombreux ministères disposent de formats standard pour les comptes-rendus ministériels. Ces formats doivent être utilisés, à moins qu'ils ne soient jugés inadaptés. Pour être efficace, une note d'information peut inclure les éléments suivants :

- Objectif de l'évaluation, exprimé de façon concise.
- Une ou deux phrases expliquant pourquoi il est important que le ministre prenne connaissance des résultats.
- Une brève description du contexte de l'évaluation (les responsables de sa mise en œuvre et la population cible évaluée).
- Les principaux résultats, en particulier ceux susceptibles d'avoir des implications politiques (niveaux de performance des élèves, différences régionales et de sexe, ressources allouées aux écoles).
- Les prochaines étapes pouvant présenter des options, comme déterminer si le ministre doit faire une déclaration publique sur certains résultats, recommander l'étude des résultats par une autorité en matière de programmes de cours ou par des établissements de formation des enseignants, ou suggérer une nouvelle évaluation nationale dans une autre matière du programme de cours.
- Des recommandations pour conseiller le ministre sur les mesures à prendre concernant les options énoncées.
- Des informations concernant les pièces jointes, comme un communiqué de presse, un résumé de l'évaluation nationale, ou le rapport complet.
- Le nom du membre de l'équipe d'évaluation nationale à contacter si le ministre exige des informations supplémentaires.

LA PUBLICATION DE RAPPORTS DE SYNTHÈSE

Un rapport de synthèse destiné à des lecteurs non experts est souvent publié en supplément au rapport principal. Il peut être très bref, comme c'est le cas des synthèses ou des aperçus au niveau des États proposés par le Programme d'évaluation des progrès de l'éducation aux États-Unis (NAEP) sur son site Internet. L'encadré 3.1 présente le rapport de synthèse sur la performance des élèves de quatrième année dans l'Illinois lors de l'évaluation de 2007 sur la compréhension de l'écrit.

Certains rapports de synthèse peuvent être plus longs. Par exemple, à l'issue d'une évaluation nationale sur la géographie en 4e, 8e et 12^e

RAPPORT D'UNE ÉVALUATION NATIONALE | 57

ENCADRÉ 3.1

Rapport de synthèse de l'Illinois sur les niveaux de performance des élèves, en 4ᵉ année, en compréhension de l'écrit au NAEP 2007 : États-Unis

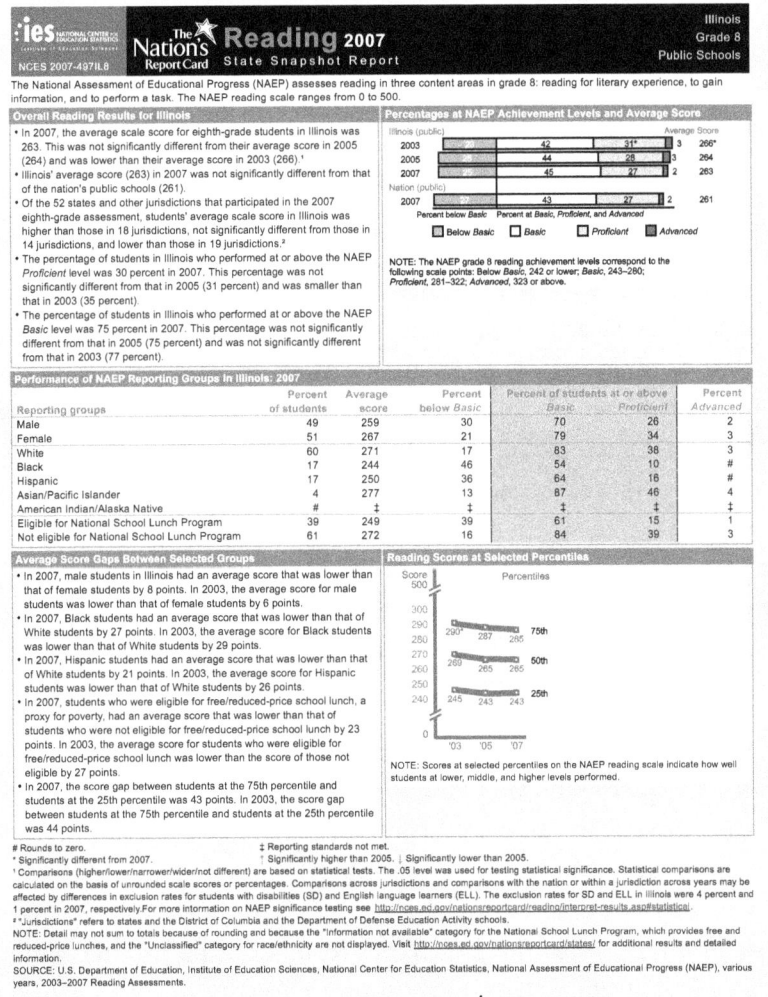

années, le Centre américain des données statistiques sur l'éducation a produit un résumé des résultats de la série d'évaluations du NAEP (environ six pages), intitulé « Géographie : que savent les élèves et que savent-ils faire ? ». Le rapport décrit ce que les élèves des 25ᵉ, 50ᵉ, et 90ᵉ percentiles de chaque niveau scolaire maîtrisent (Vanneman 1996). D'autres rapports sont plus longs et peuvent inclure une brève description de toutes les composantes du rapport principal.

Le rapport principal et un rapport de synthèse de l'Évaluation nationale sur la compréhension de l'écrit en anglais en Irlande (Eivers et coll. 2005a, 2005b) sont disponibles sur le site Internet du Centre de recherche sur l'éducation (http://www.erc.ie). Le rapport principal du NAEP sur l'histoire (4e, 8e et 12e années) et un rapport de synthèse peuvent être téléchargés sur le site http://nces.ed.gov/nationsreportcard/ushistory/.

Les enseignants sont souvent les premiers lecteurs des rapports de synthèse. Dans ce cas, les rapports de synthèse sont susceptibles d'inclure des recommandations issues de l'évaluation (voir le chapitre 6). Par exemple, un guide de l'enseignant sur la performance des élèves de 15 ans en mathématiques a été publié suite à l'administration du Programme international pour le suivi des acquis des élèves (PISA) en Irlande en 2003 (Shiel et coll., 2007). Le rapport contient des exemples d'items de test, des informations sur la performance des élèves et sur la mesure dans laquelle les enseignants irlandais enseignent les mathématiques de type PISA. L'encadré 3.2 contient trois recommandations destinées aux enseignants, tirées des nombreuses recommandations de ce rapport.

Les rapports de synthèse peuvent se concentrer sur d'autres groupes d'intérêt :

- Les syndicats d'enseignants représentent les intérêts collectifs des enseignants : ils peuvent être de puissants acteurs pour ou contre le changement. Ils ont souvent intérêt à s'appuyer sur des informations pour défendre leurs positions.
- Les dirigeants communautaires, y compris les représentants politiques locaux, ont besoin d'informations pour déterminer si le système éducatif produit ce dont la communauté a besoin pour atteindre ses objectifs sociaux, culturels et économiques précis.
- Les employeurs et les chefs d'entreprise ont besoin d'informations objectives sur les acquis des élèves en guise d'indicateur sur la qualité de la préparation de futurs employés.
- Les citoyens peuvent utiliser les informations d'une évaluation nationale afin de juger si le système éducatif atteint ses objectifs en

termes d'accès, de qualité, d'efficacité et d'équité, ce qui peut engendrer des pressions pour améliorer l'offre éducative.
- Les organismes donateurs cherchent des informations objectives pour évaluer l'efficacité des programmes ou justifier des aides au secteur de l'éducation ou à un sous-groupe particulier de la population ou d'une région géographique.

LA PUBLICATION DE RAPPORTS TECHNIQUES

Les rapports techniques sont un élément crucial d'une évaluation nationale : ils offrent aux membres des communautés scientifiques et

---

ENCADRÉ 3.2

Suggestions pour appliquer l'approche PISA à l'enseignement et l'apprentissage des mathématiques : Irlande

Les recommandations suivantes sont tirées du guide de l'enseignant préparé par le Centre de recherche sur l'éducation et publié par le ministère irlandais de l'Éducation et de la Science suite à une évaluation nationale :

Mettre l'accent sur une approche plus interactive de l'enseignement des mathématiques, dans laquelle les élèves sont invités à discuter des problèmes, à la fois avant leur résolution, et après. Les discussions doivent se concentrer sur l'identification des éléments mathématiques nécessaires pour résoudre un problème, et sur la communication du raisonnement des élèves après sa résolution.

Mettre l'accent sur la gamme complète des compétences (processus) cognitives lors de l'enseignement. Une trop grande focalisation sur la reproduction dans les classes et les examens signifie que de nombreux élèves peuvent ne pas avoir l'opportunité d'appliquer des compétences de plus haut niveau telles que la connexion et la réflexion. L'application de ces compétences par les élèves à tous les niveaux de capacité se traduira probablement par une plus grande compréhension conceptuelle et une plus grande indépendance dans la résolution de problèmes.

Ménager un meilleur équilibre entre les questions sans contexte et les questions intégrées dans des contextes réels. De nombreuses questions dans les manuels actuels et les examens sont sans contexte. Bien que ces items jouent un rôle important dans le développement de savoir-faire élémentaires en mathématiques, il est important de fournir aux élèves la possibilité de s'impliquer dans des problèmes du monde réel. Un tel engagement sert à rendre les mathématiques plus pertinentes pour eux, et leur fournit des occasions de développer une gamme plus large de compétences mathématiques.

Source : Shiel et coll. 2007: 48.

aux chercheurs des informations détaillées qui leur permettront d'apprécier l'évaluation de manière critique. Les rapports techniques constituent également une trace écrite des activités liées à l'évaluation, ce qui est nécessaire pour mettre en œuvre les futurs cycles de l'évaluation.

Certaines évaluations nationales publient un seul rapport, qui tient lieu à la fois de rapport général et technique. Le rapport australien sur la performance des élèves de 6 à 10 ans dans le domaine des technologies de l'information et de la communication en est un exemple ; il contient des détails techniques sur les niveaux de compétence et les procédures d'échantillonnage (Ainley, Fraillon, et Freeman, 2007). D'autres rapports se concentrent sur les aspects plus techniques de l'échantillonnage, de l'analyse d'items, des techniques et critères de correction, d'échelonnement, d'analyses statistiques, et de contrôle de la qualité. On peut en trouver des exemples dans l'enquête TIMSS *2003: Technical Report* (Martin, Mullis, et Chrostowski 2004) et dans *Reading Literacy in the United States: Technical Report of the U.S. Component of the IEA Reading Literacy Study* (Binkley et Rust 1994).

Le tableau 3.1 énumère les activités qu'un rapport technique doit couvrir. Une attention particulière doit être accordée au développement de l'instrument, à la description de la population ou de l'échantillon évalué, à l'échelonnement des items, et à l'analyse statistique.

LA PUBLICATION DE RAPPORTS THÉMATIQUES

Les rapports thématiques explorent les aspects des constatations d'une évaluation relatifs à un thème spécifique qui ne sont pas abordés en détail dans le rapport principal. Un rapport thématique peut analyser des exemples types d'erreur dans les réponses des élèves par rapport à des aspects particuliers du programme de cours ou à des ensembles d'items d'un test de performance. Ces analyses peuvent contribuer à identifier les besoins de réforme d'un programme de cours ou les instructions qui doivent être renforcées. Par exemple, une analyse des modèles d'erreur dans les items scientifiques du PISA 2006 a été réalisée pour les élèves qataris (DataAngel Policy Research 2007). Malgré son potentiel d'amélioration de la pratique, très peu d'analyses de ce type sont effectuées.

TABLEAU 3.1

Rapport technique : suggestion de contenu

Section	Quelques activités	Exemples ou observations
Objectif	Décrire le contexte et les principaux objectifs de l'évaluation nationale.	Suivre les changements dans les niveaux de performance depuis la dernière évaluation nationale, rédiger un rapport sur les différences régionales dans la performance des élèves, ou les deux.
Définition du sujet	Définir le sujet évalué. Lister les aspects de la matière évaluée (tels que le vocabulaire, la compréhension, le comportement).	La *compréhension de l'écrit* est définie comme « la capacité à comprendre et à utiliser ces formes du langage écrit requises par la société et/ou valorisées par l'individu » (Campbell et coll., 2001, 3).
Détails de ce qui est mesuré	Décrire les domaines de contenu et les niveaux cognitifs à évaluer pour chaque matière et année. Inclure les détails de l'item.	Inclure un plan détaillé ou une table de spécifications. Indiquer le nombre de questions à choix multiples, d'items à réponse construite fermée et à réponse ouverte.
Développement de l'instrument	Donner des détails sur l'élaboration des tests pilotes, des questionnaires et des manuels d'administration, y compris les révisions.	Inclure un résumé de l'examen par l'autorité chargée des programmes de cours et les enseignants sur le caractère approprié des items de test. Si les tests ou les questionnaires ont été traduits, décrire le processus de vérification de la traduction a été vérifiée.
Population ou échantillon évalué	En cas d'échantillon, indiquer la taille de l'échantillon et les critères d'exclusion des élèves, du regroupement et du remplacement d'établissements.	Rédiger un rapport sur la population souhaitée, définie, et exclue (par exemple, l'âge ou l'année, public et privé) ; le taux de participation ; la stratification de l'échantillon ; le type d'échantillon (par exemple, grappes, nombre de degrés) ; la méthode utilisée pour déterminer la taille de l'échantillon ; et la méthode pour calculer les erreurs.
Opérations	Décrire la sélection des administrateurs et les mesures de contrôle de la qualité.	Décrire les procédures à suivre pour assurer la livraison, le stockage, et le retour sécurisés de tous les instruments d'évaluation.
Correction	Décrire les procédures de correction et les mesures de contrôle de la qualité.	Indiquer le pourcentage des différents types d'items de test soumis à une nouvelle correction indépendante.

(suite)

RAPPORT D'UNE ÉVALUATION NATIONALE | 61

TABLEAU 3.1 (suite)

Section	Quelques activités	Exemples ou observations
Saisie et nettoyage des données	Décrire les procédures et les mesures de contrôle de la qualité.	Expliquer les processus d'identification et de modification des erreurs spécifiques dans les dossiers des élèves.
Analyse de l'item	Résumer la difficulté des items et des niveaux de discrimination.	Indiquer si les items étaient techniquement adéquats dans l'ensemble des régions et des groupes linguistiques, le cas échéant. Fournir des raisons pour toute suppression d'item.
Échelonnement de l'item	En cas d'utilisation de la théorie de la réponse à l'item, expliquer le calcul des scores et niveaux de compétence.	Décrire le rôle des spécialistes de la matière pour déterminer les niveaux de compétence.
Analyse des données de l'évaluation	Présenter un résumé des résultats statistiques, y compris les écarts-types. Le cas échéant, comparer les résultats avec ceux d'évaluations nationales précédentes. Analyser les données sur les problèmes soulevés par le comité directeur.	Lister les procédures statistiques précises ; identifier les logiciels utilisés ; décrire la méthode de calcul des écarts-types, les niveaux de signification statistique, et le mode de gestion des données manquantes. Expliquer comment les indices (par exemple, les ressources scolaires, l'intérêt des parents dans l'éducation) ont été calculés, le cas échéant. Comparer les différences régionales en matière de performance. Relier la performance aux caractéristiques des élèves (âge, sexe, attitudes envers la matière) ; l'école (qualifications des enseignants, ressources) ; ou le contexte familial (taille de la famille, éducation des parents).
Conclusions	Fournir un résumé des principales constatations. Fournir des conseils relatifs aux limites des résultats.	Fournir des recommandations justifiables sur la base des résultats, en cas de demande préalable.

Un rapport thématique peut se concentrer sur une sous-population intéressante pour un public particulier ou qui se rapporte à une politique particulière (par exemple, les garçons et les filles, les groupes raciaux ou ethniques, les élèves de milieux défavorisés, les élèves des régions rurales). La figure 3.1 présente un exemple de comparaison des scores en compréhension de l'écrit des élèves, classés par race ou origine ethnique sur la base des données d'une évaluation nationale aux États-Unis.

Des exemples de rapports thématiques intégrant des méthodes statistiques avancées et présentant les résultats de manière accessible et pertinente en termes de politiques peuvent être trouvés dans les études utilisant les données tirées du Consortium de l'Afrique

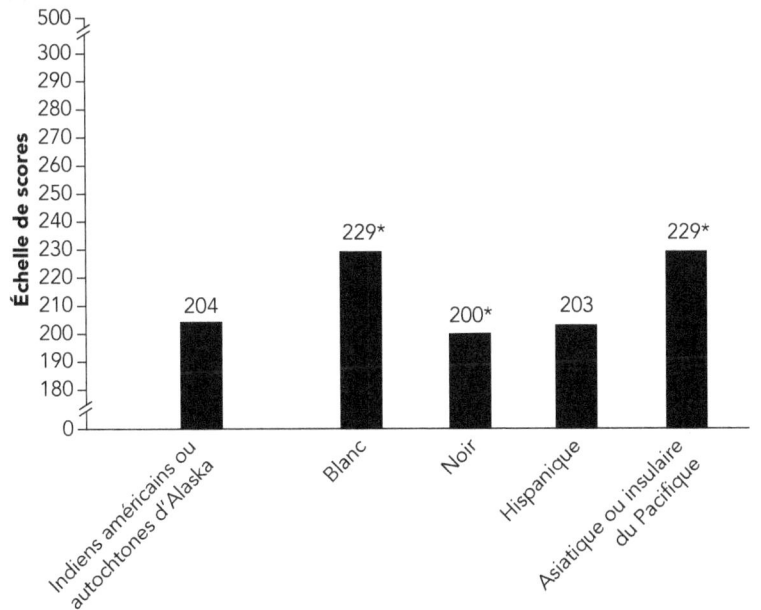

FIGURE 3.1

Scores moyens en compréhension de l'écrit, par race ou ethnie, NAEP, 4ᵉ année, 2005 : États-Unis

Source : Centre national des statistiques de l'éducation, États-Unis, 2006b : figure 2.17.
Remarque : Les résultats sont basés sur l'échantillon NAEP national. *Noir* comprend afro-américain ; *Hispanique* comprend Latino ; et *insulaire du Pacifique* comprend autochtone hawaïen. Les catégories raciales excluent les origines hispaniques. * Indique que le score est significativement différent de celui des élèves indiens américains et autochtones de l'Alaska.

australe et orientale pour le pilotage de la qualité de l'éducation, ou SACMEQ, et du Programme d'analyse des systèmes éducatifs de la CONFEMEN (Conférence des ministres de l'Éducation des États et gouvernements de la Francophonie) ou du PASEC, sur le rapport coût-efficacité des intrants scolaires (Michaelowa et Wechtler 2006), et les différences de littératie entre zones urbaines et rurales (Zhang 2006) et des études recourant aux données du PISA sur « l'engagement envers la lecture » (Kirsch et coll. 2002) des élèves âgés de 15 ans.

LA GARANTIE DE RAPPORTS DANS LES MÉDIAS

Les produits en version papier sous forme de rapports sont coûteux à produire. En outre, ce type de publication peut ne pas être approprié pour de nombreuses personnes intéressées par les constatations d'une évaluation nationale. En revanche, les médias – presse écrite, radio, télévision ou vidéos – constituent un moyen peu coûteux de diffuser les principaux messages d'une évaluation nationale à des personnes qui n'en auraient probablement pas eu connaissance autrement. D'une part, un manque de couverture médiatique peut signifier qu'une évaluation restera largement méconnue. D'autre part, lorsque les médias critiquent une évaluation – ou sont à l'origine d'une dramatisation ou d'une déformation des informations –, le système d'évaluation nationale peut s'en trouver menacé.

La radio peut toucher un grand nombre de personnes et être un média particulièrement approprié pour les individus ayant de faibles compétences en littératie. La télévision, également, peut toucher un grand nombre de personnes et jouer un rôle important pour susciter l'intérêt du public. Cependant, des présentations à la radio et la télévision sont généralement trop superficielles et trop courtes pour apporter un réel éclairage sur les constatations des recherches ou leurs implications.

C'est en Amérique latine que la télévision est utilisée de façon plus approfondie pour informer le public des résultats d'une évaluation. Après la publication des résultats d'une évaluation internationale menée par le *Laboratorio Latinoamericano de Evaluación de la*

Calidad de la Educación (voir Volume 1, Annexe C3, de cette série-Greaney et Kellaghan 2008), les détails ont été rendus publics par le biais d'une vidéo diffusée à la télévision sur l'ensemble du continent (Ferrer et Arregui 2003). Le recours à des vidéos et à la télévision pour diffuser les constatations d'une évaluation nationale ou internationale est renforcé par l'expérience du Pérou où les vidéos ont été beaucoup plus efficaces que des conférences ou les présentations PowerPoint dans le dialogue avec les parties prenantes sur la politique éducative (Pérez 2006).

LA PUBLICATION DE COMMUNIQUÉS DE PRESSE

Un communiqué de presse est une brève déclaration écrite envoyée aux médias. Son format et son contenu varient en fonction de l'organe émetteur. Un communiqué de presse du ministère de l'Éducation aura tendance à souligner les aspects positifs des constatations, alors que celui d'un organisme de recherche sera plus neutre. Préalablement, le rédacteur du communiqué de presse devra préciser le type de public visé. Il peut s'agir du grand public, de responsables du gouvernement, ou d'experts. La détermination du public permettra de définir la quantité d'informations techniques à inclure et le ton du communiqué de presse.

Préparer un communiqué de presse permet de réduire, sans toutefois l'éliminer, la tendance des journalistes à simplifier les constatations de l'évaluation. Certains journalistes peuvent s'efforcer de mettre en avant un constat politiquement préjudiciable au lieu de présenter une vue équilibrée et neutre.

Un communiqué de presse doit commencer par la date de publication, le nom et l'adresse de l'agence (ministère de l'Éducation, institut de recherche, ou autre organisme) responsable de sa publication. Si possible, son logo doit apparaître dans le titre. Le titre doit être présenté en caractères gras et être court et engageant ; il peut être la seule chance d'attirer l'attention du lecteur. « Publication du rapport de l'évaluation nationale » est court, mais « Le nouveau rapport met en évidence les succès dans le secteur de l'éducation » est à la fois court et engageant. Le communiqué doit commencer par une accroche visant à susciter l'intérêt du lecteur, suivie d'une ou deux phrases développant l'introduction.

La section principale d'un communiqué de presse doit être factuelle et contenir des réponses brèves aux questions suivantes :

- Qui a réalisé l'évaluation nationale ?
- Pourquoi a-t-elle été menée ?
- Quand a-t-elle été menée ?
- Comment a-t-elle été menée ?
- Quelles en sont les principales conclusions ?
- Pourquoi sont-elles importantes ?

Les rédacteurs d'un communiqué de presse doivent se conformer aux exigences suivantes :

- Avoir une idée claire de ce qu'ils souhaitent voir les lecteurs déduire du communiqué de presse.
- Se limiter aux faits et non embellir les constatations.
- Éviter les phrases longues, les termes techniques, et le jargon statistique.
- Utiliser des verbes à la forme active.
- Rédiger le texte selon la présentation souhaitée dans le journal.
- Limiter la publication à maximum une ou deux pages à double interligne.
- Vérifier que le texte est factuellement et grammaticalement correct et exempt de fautes d'orthographe.
- Fournir un numéro de téléphone, ainsi que des adresses postales et e-mail.
- Utiliser des ### sous la dernière ligne de texte pour indiquer la fin du communiqué de presse.

Si des diagrammes sont utilisés, ils doivent être faciles à comprendre, avoir un objectif clair, et ne pas présenter trop de détails ni utiliser des notes de bas de page. Les graphiques sous forme de barres, plutôt que de lignes, sont considérés comme étant plus efficaces (Hambleton et Slater 1997).

L'encadré 3.3 présente un extrait du communiqué de presse de deux pages sur l'évaluation nationale de 2007 aux États-Unis. Un autre exemple de communiqué est fourni dans l'encadré 3.4.

ENCADRÉ 3.3

Extrait de communiqué de presse, NAEP : États-Unis

COMMUNIQUÉ DE PRESSE

Attention, ne pas diffuser avant le mardi 25 septembre 10h00 EDT

CONTACT : Matt Maurer, (202) 955-9450 ext. 322,
mmaurer@communicationworks.com

Les élèves américains progressent en mathématiques et en compréhension de l'écrit, selon le rapport national de Card™ de 2007

Les élèves issus des minorités affichent les plus gros progrès

WASHINGTON (25 septembre 2007) – Dans l'ensemble, la performance des élèves en mathématiques et en compréhension de l'écrit aux États-Unis progresse, selon les conclusions du rapport national Card™ de 2007 qui souligne certaines des avancées les plus importantes pour les élèves issus de minorités.

Deux rapports publiés aujourd'hui, *The Nation's Report Card™ : Mathematics 2007 and The Nation's Report Card™: Reading 2007*, détaillent les performances des élèves de 8e année et 4e année dans le cadre de l'Évaluation nationale des progrès de l'éducation (NAEP) aux États-Unis, administrée par le ministère américain de l'Éducation cette année. Les rapports comparent les données nationales et fédérales de l'année 2007 à chaque année antérieure où des tests ont été administrés, à partir de 1990 pour les mathématiques, et 1992 pour la compréhension de l'écrit. Sur la base des moyennes nationales, les scores en mathématiques pour les élèves de 8e et de 4e année n'ont cessé d'augmenter depuis 1990. En outre, la proportion d'élèves atteignant ou dépassant le niveau « élémentaire » ou « compétent » a nettement augmenté au cours des 17 dernières années. Les progrès réalisés depuis 2003 sont statistiquement significatifs, mais moins importants que ceux réalisés au cours des périodes antérieures. Entre-temps, le score moyen en compréhension de l'écrit pour les élèves de 4e niveau est le plus élevé depuis 15 ans et a augmenté depuis 2003, bien que la totalité des progrès depuis 1992 aient été plus modestes que ceux observés en mathématiques. Le score moyen en compréhension de l'écrit pour les élèves de 8e année s'est légèrement amélioré depuis 2005, mais reste en dessous du niveau de performance atteint en 2002 et correspond à peu près à la moyenne de 1998.

. . .

Des exemplaires de *The Nation's Report Card™: Mathematics 2007* et *The Nation's Report Card™: Reading 2007*, ainsi que des informations détaillées issues des évaluations

(suite)

ENCADRÉ 3.3 *(suite)*

NAEP de 2007 en mathématiques et compréhension de l'écrit, seront disponibles en ligne à l'adresse http://nationsreportcard.gov à 10h00 EDT le 25 septembre.

#

Le *Nation's Report Card* est la seule évaluation continue des conditions de l'éducation aux États-Unis représentative au niveau national et sert de point de référence national de la performance des élèves depuis 1969. Grâce au Programme d'évaluation des progrès de l'éducation (NAEP) des États-Unis, le *Nation's Report Card* informe le public sur ce que les élèves américains savent et peuvent faire dans divers domaines, et compare les performances entre les États et divers groupes démographiques d'élèves.

Source : http://www.nationsreportcard.gov/math_2007/media/pdf/newsrelease.pdf.

ENCADRÉ 3.4

Exemple de communiqué de presse : États-Unis

Cet exemple de communiqué de presse a été publié par le Conseil d'éducation de l'État du Michigan dans « Posez les crayons : guide d'utilisation et de diffusion des résultats de test » :

POUR PUBLICATION IMMÉDIATE:
DATE :
CONTACT :
Responsable des relations publiques Mary Green
555-1313

Les écoles de Mathville attribuent la faible hausse des scores de test à une couverture tardive

Les élèves de 4e, 7e et 10e années de Mathville n'ont enregistré qu'une légère amélioration dans certains domaines testés fin septembre dans le cadre du Programme d'évaluation de l'éducation du Michigan (MEAP).

Dans un rapport destiné au Conseil d'éducation de Mathville, le directeur Phred Smart a déclaré que « même si nous sommes heureux de constater une certaine amélioration, il reste beaucoup à faire, en particulier dans le domaine des mathématiques ». Bien que les élèves de Mathville aient obtenu des scores supérieurs à la moyenne de l'État dans quelques domaines, Smart a déclaré : « Nous revoyons notre programme de mathématiques, sachant que bon nombre des concepts testés n'ont pas été enseignés à nos élèves avant le test. »

_____pour cent des élèves de 4e année de Mathville, _____pour cent des élèves de 7e année, et_____pour cent des élèves de 10e année ont atteint trois quarts des objectifs à chaque niveau.

(suite)

ENCADRÉ 3.4 *(suite)*

Smart indique que les mathématiques de septième année seront examinées de près par un comité d'étude de mathématiques au niveau du district. Ce comité est composé de professeurs enseignant de la première à la neuvième année, d'un consultant en mathématiques du district de l'école, et du directeur de l'école.

_____pour cent des lecteurs de 4e année de Mathville ont atteint trois quarts des objectifs en matière de compréhension de l'écrit par rapport à_____pour cent des élèves au niveau national.

Les élèves de 7e année ont obtenu des scores plus élevés que la moyenne avec_____pour cent des élèves maîtrisant au moins trois quarts des objectifs comparativement à_____des élèves au niveau national._____pour cent des élèves de 10e année ont atteint trois quarts des objectifs en matière de lecture par rapport à_____pour cent des élèves au niveau national.

Le MEAP est donné à chaque élève de quatrième, septième et dixième année dans les écoles publiques du Michigan chaque automne. Ce test est obligatoire en vertu de la loi du Michigan depuis 1969. Le test est utilisé par les enseignants pour concevoir des programmes de cours visant à répondre aux besoins d'apprentissage particuliers des élèves.

Le MEAP a aidé à déterminer si les élèves ont acquis des compétences spécifiques en compréhension de l'écrit et mathématiques. Les questions du test sont tirées d'une série de questions supposées refléter les compétences élémentaires considérées comme essentielles par les éducateurs du Michigan.

Des copies des résultats de l'évaluation du district sont à la disposition du public dans les bureaux administratifs du district, 242 13th Street.

Source : Gucwa et Mastie 1989. Reproduit avec l'autorisation du Conseil d'éducation du Michigan.

L'ORGANISATION DE CONFÉRENCES DE PRESSE

Si l'intention est de toucher un large éventail de médias, dont la presse, la radio et la télévision, une conférence de presse est généralement nécessaire. Les principaux membres du comité directeur national (si possible) et le coordonnateur national doivent présenter les constatations. Les présentations doivent durer environ 20 minutes, et plus ou moins 10 autres minutes doivent être consacrées aux questions. L'expérience démontrant qu'il peut s'avérer difficile d'empêcher les orateurs de s'éloigner des messages convenus, c'est pourquoi ceux-ci doivent répéter leur présentation à l'avance, ainsi que leur réponse aux questions attendues.

Les participants doivent recevoir une copie du communiqué de presse, un rapport de synthèse des résultats de l'évaluation nationale, des notes biographiques sur les orateurs, et une note d'information sur l'organisme qui a mené l'évaluation (s'il est différent du ministère de l'Éducation).

La conférence de presse visant à promouvoir la diffusion des résultats des évaluations nationales peut comporter des risques. Certains journalistes et groupes d'intérêt peuvent être tentés de présenter les résultats de façon dramatisée et de déformer les messages clés. Les questions des médias se concentrent souvent sur les résultats faibles. Les médias populaires de nombreux pays ont tendance à fournir des explications simplistes à des problèmes complexes (comme les causes de la chute ou de la hausse du niveau de performance des élèves). Il est important que la conférence de presse corrige des conclusions injustifiées, comme l'attribution des mauvais résultats à une seule cause ou un seul groupe (par exemple, les enseignants, le ministère de l'Éducation, ou les manuels).

L'ORGANISATION DE SÉANCES D'INFORMATION INDIVIDUELLES

Il est souvent plus efficace de communiquer le message principal d'une évaluation nationale en rencontrant séparément les individus plutôt qu'au moyen d'une conférence de presse. Les événements médiatiques individuels peuvent aider le porte-parole de l'évaluation nationale à établir une relation avec un journaliste ou un reporter radio ou télé. Ils peuvent également procurer le temps nécessaire pour clarifier les éventuelles idées fausses.

LA DIFFUSION DE RAPPORTS SUR INTERNET

À l'avenir, la vulgarisation de l'accès à Internet permettra à un plus grand nombre d'individus d'accéder aux résultats d'une évaluation nationale. Le Chili publie les résultats détaillés de ses évaluations nationales sur son site (http://www.simce.cl). Le ministère de l'Éducation et de la Science de l'Irlande présente les conclusions sommaires de ses évaluations nationales sur son site officiel (http://www.education.ie/servlet/blobservlet/des_cos_preface.htm). La page d'accueil du site consacré à la performance en mathématiques énumère simplement les titres des chapitres du rapport, qui peuvent être tous téléchargés (encadré 3.5). Le site américain du NAEP va plus loin en permettant aux éducateurs et au public intéressés de trouver des réponses à des questions spécifiques en réalisant leur propre analyse comparative des données (encadré 3.6). En se connectant sur le site http://nces.ed.gov/nationsreportcard, des personnes ayant peu ou pas de compétences statistiques peuvent obtenir des réponses à des questions liées à la performance des élèves dans leur propre État :

- Les standards ont-ils augmenté ou diminué depuis le dernier NAEP ?
- Existe-t-il des différences entre les sexes dans la performance en compréhension de l'écrit ?
- Comment les élèves issus des minorités se classent-ils par rapport à la moyenne globale de l'État en compréhension de l'écrit ?
- Comment se situent les scores de l'État par rapport aux scores des États voisins ou à la moyenne nationale en science ?

ENCADRÉ 3.5

Site Internet, performance en mathématiques dans les écoles primaires : Irlande

Le site Internet du ministère de l'Éducation irlandais répertorie le contenu du rapport de l'évaluation nationale sur les performances en mathématiques. Les utilisateurs peuvent simplement cliquer sur les titres suivants pour visualiser le rapport :

Préface
Chapitre 1—Le contexte de l'évaluation
Chapitre 2—Instruments et procédures de l'évaluation
Chapitre 3—Performance en mathématiques des élèves de 4e année
Chapitre 4—Caractéristiques des élèves et performance en mathématiques
Chapitre 5—Environnement familial et performance en mathématiques
Chapitre 6—Environnement de la classe et performance en mathématiques
Chapitre 7—Caractéristiques de l'établissement et performance en mathématiques
Chapitre 8—Soutien dans l'apprentissage des mathématiques
Chapitre 9—Points de vue des inspecteurs sur l'enseignement et l'apprentissage des mathématiques
Chapitre 10—Recommandations
Annexes
Glossaire

Source : http://www.education.ie/servlet/blobservlet/des_cos_preface.htm.

ENCADRÉ 3.6

Plan du site Internet du NAEP : États-Unis

| SAMPLE QUESTIONS | ANALYZE DATA | STATE PROFILES | PUBLICATIONS | search NAEP |

THE NATION'S REPORT CARD

National Assessment of Educational Progress (home)

Site Map

About NAEP	NAEP Subjects	Special Tools
Overview	The Arts	NAEP Questions Tools
FAQs	Civics	NAEP Data Explorer
NAEP Activities	Economics	State Comparisons
Information for Selected Schools	Foreign Language	State Profiles
Parents' Information	Geography	
Inclusion of SD/ELL Students	Mathematics	
National NAEP	Reading	**More Resources**
State NAEP	Science	Contact Us
Urban District NAEP (TUDA)	U.S. History	Publications
Long-Term Trend NAEP	Writing	Glossary of Terms
High School Transcript Study	World History	Assessment Schedule
National Indian Education Study		NewsFlash Service
Special Studies		No Child Left Behind
NAEP Partners		Technical Documentation
National Assessment Governing Board		Research e-Center
		Background Questionnaires
		Sample Questions Booklets
		Stat*Chat* (Archive)

Source : Centre américain des données statistiques sur l'éducation 2008.

LA DIFFUSION DES DONNÉES DE L'ÉVALUATION

Les données réelles de l'évaluation sont souvent une ressource négligée ; cependant, divers organismes ou individus peuvent être intéressés par la réalisation d'analyses secondaires des données, notamment des fonctionnaires autres que ceux du ministère de l'Éducation (par exemple, la Santé, les Travaux publics, ou les Finances), des chercheurs, des facultés d'institutions éducatives, et des organismes donateurs cherchant à appuyer des interventions nationales ou ciblées par des justifications objectives. Les obstacles à l'utilisation par d'autres personnes que l'équipe d'évaluation nationale, quoique largement techniques, concernent notamment des questions de vie privée et de confidentialité.

Pour répondre aux besoins des utilisateurs secondaires, la méthode traditionnelle est de produire et publier de volumineux tableaux statistiques. Ces publications sont cependant difficiles à utiliser, et les tableaux qu'elles contiennent ne répondent pas souvent aux besoins de l'utilisateur. Les produits commerciaux tels que iVision permettent d'accéder facilement à de grands volumes de tableaux préétablis.

De nombreuses évaluations nationales choisissent de produire à l'attention des utilisateurs un fichier de microdonnées et une documentation technique associée, minutieusement révisés pour protéger la confidentialité des élèves, des enseignants et des établissements. Lorsque les utilisateurs ont besoin d'accéder aux données des élèves, les équipes nationales peuvent mettre en place un service d'accès à distance, auquel les utilisateurs externes soumettent un code d'analyse qui est exécuté sur la base confidentielle de données. Les résultats sont ensuite revus pour garantir la confidentialité. Bien qu'assez lourde, cette méthode permet aux équipes nationales d'évaluation de garantir la confidentialité des informations, un point essentiel compte tenu du fait que la participation dépend souvent de la garantie de confidentialité des résultats de chaque établissement, des enseignants ou des élèves.

Les équipes d'évaluation nationale sont susceptibles de devoir convaincre les représentants politiques et les fonctionnaires du ministère que la mise à disposition des données de l'évaluation nationale est dans leur intérêt à long terme, même si elle peut être « douloureuse » à court terme en exposant les données à des critiques potentielles.

LES AUTRES INSTRUMENTS DE DIFFUSION

Les autres instruments de diffusion des résultats d'une évaluation nationale comprennent des conférences, des ateliers, séminaires, bulletins d'information et brochures portant principalement sur des groupes de parties prenantes (par exemple, les fonctionnaires ministériels ou les enseignants).

Conférences, ateliers et séminaires sont des mécanismes permettant d'annoncer de plusieurs façons la disponibilité des résultats de l'évaluation aux parties prenantes clés. Ils offrent la possibilité de parvenir à un consensus sur la signification des principales constatations et sur les initiatives à prendre pour remédier aux problèmes identifiés. Ces méthodes sont particulièrement appropriées pour informer les groupes suivants :

- Les concepteurs de programmes de cours, susceptibles de trouver, dans une évaluation nationale, des informations sur les faiblesses des élèves ayant des implications sur la révision des programmes de cours.
- Les auteurs de manuels scolaires qui, comme dans le cas des concepteurs de programmes de cours, sont susceptibles de devoir réviser les manuels et le matériel pédagogique (par exemple, les manuels d'enseignants) à la lumière des données probantes en matière de performance des élèves révélées par l'évaluation nationale.
- Les formateurs d'enseignants (formation initiale et continue), qui peuvent utiliser les constatations d'une évaluation nationale pour identifier des faiblesses dans la préparation des enseignants ou dans les pratiques pédagogiques des enseignants.

CONCLUSION

De nombreux pays adoptent des approches variées pour diffuser les résultats d'une évaluation nationale. Par exemple, en Colombie, les résultats ont été publiés dans les médias, et un programme d'ateliers nationaux et locaux a été mis en place pour discuter des résultats et de leurs implications. Les stratégies visant à améliorer la qualité de l'éducation ont été discutées lors d'un séminaire national, et les administrateurs locaux et les enseignants ont reçu des informations sur les résultats nationaux et régionaux sous forme de bulletins d'information et de brochures. En Irlande, une évaluation a été largement couverte par la publication d'un rapport général, d'un rapport de synthèse (principalement destiné aux enseignants), et d'un communiqué de presse. Les résultats ont également été diffusés à la radio, la télévision et dans les journaux, et un séminaire national auquel ont participé les administrateurs, les enseignants et les universitaires a été organisé conjointement par le ministère de l'Éducation et l'organisme chargé de la mise en œuvre de l'évaluation nationale (*Educational Research Centre*).

De nombreuses autorités d'évaluation nationale ne communiquent pas les constatations de l'évaluation à un nombre suffisant de personnes et organismes légitimement concernés par le niveau d'apprentissage des élèves. Cette carence impose inévitablement des limites sévères à l'utilisation des résultats. Diverses raisons peuvent l'expliquer, notamment le manque d'intérêt des hauts fonctionnaires du ministère, l'absence d'infrastructure entourant les activités d'évaluation nationale, le manque d'appréciation du rôle que peuvent jouer de multiples parties prenantes dans la réponse aux résultats de l'évaluation nationale, et le manque de ressources pour la production de plusieurs rapports et la mise en service de plusieurs voies de communication orientées vers les besoins des utilisateurs potentiels.

Au fur et à mesure de l'évolution des systèmes nationaux, de nombreuses exigences reposeront sur les ressources limitées d'une évaluation. Elles seront liées à la fréquence des évaluations, l'amélioration de leur qualité technique et des compétences du personnel chargé de les administrer, et à l'amélioration de la capacité des responsables des politiques et des gestionnaires de l'éducation à absorber et utiliser les données collectées dans une évaluation. Dans cette situation, des choix difficiles devront être faits sur l'allocation optimale des ressources. Ce faisant, il ne faudra pas négliger l'importance des procédures visant à optimiser l'utilisation des données en diffusant les résultats sous une forme adaptée aux besoins des parties intéressées.

CHAPITRE

TRADUIRE LES CONSTATATIONS DES ÉVALUATIONS EN POLITIQUES ET ACTIONS

L'objectif principal d'une évaluation nationale ne se limite pas à la description du niveau d'apprentissage des élèves. Pour justifier les efforts et les dépenses engagés, les informations fournies par une évaluation de la performance des élèves, leurs forces et leurs faiblesses, ainsi que leur répartition dans la population (par ex., par sexe ou zone géographique), doivent permettre d'éclairer les politiques et la prise de décisions (par exemple, en matière d'affectation des ressources). Une évaluation nationale est également destinée à fournir des informations aux concepteurs des programmes de cours, aux auteurs des manuels, aux formateurs des enseignants et au public. De ce fait, outre les informations qu'elle procure, une évaluation doit devenir un levier de réforme après sa diffusion.

Ce chapitre porte sur cinq points essentiels à considérer dans la manière de traduire les informations d'une évaluation en politiques et actions : (a) la capacité institutionnelle à assimiler et utiliser les informations, (b) la fiabilité et la pertinence des informations fournies par l'évaluation, (c) les procédures visant à identifier les politiques ou actions appropriées à l'issue d'une évaluation, (d) la détermination d'une intervention ciblée ou à l'échelle du système, et (e) la complexité de l'élaboration des politiques et de la prise de décisions.

L'accent est mis principalement sur les dispositifs institutionnels du système éducatif. Les chapitres suivants explorent les utilisations plus spécifiques d'une évaluation nationale pour la gestion des politiques et du système éducatif (chapitre 5) et l'enseignement (chapitre 6).

LES CAPACITÉS INSTITUTIONNELLES À ASSIMILER ET UTILISER LES INFORMATIONS

Certaines conditions liées à la capacité institutionnelle doivent être satisfaites pour utiliser les constatations d'une évaluation nationale de façon optimale (Kellaghan et Greaney, 2004 ; Postlethwaite, 1987 ; Vegas Petrow, 2008). Tout d'abord, la volonté politique, l'ouverture à de nouvelles informations, et la volonté de changement ou de réforme des responsables des politiques sont particulièrement importantes. Deuxièmement, les responsables des politiques au sein du ministère de l'Éducation doivent avoir la capacité (connaissances et compétences) d'interpréter et utiliser les informations issues d'une évaluation nationale. Un investissement important peut être requis pour développer cette capacité, notamment dans les pays où l'activité d'évaluation est nouvelle. Troisièmement, une évaluation nationale ne doit pas être perçue comme une activité isolée : elle doit être intégrée dans les structures existantes, dans le processus d'élaboration de politiques et la prise de décisions, ainsi que dans les canaux de répartition des ressources. Quatrièmement, l'équipe d'évaluation nationale doit s'assurer de l'existence de systèmes et de stratégies adéquats pour communiquer ses constatations aux institutions et agents qui participeront à la mise en œuvre des politiques (par exemple, les structures de l'administration locale, les superviseurs, les inspecteurs et les conseillers, les autorités chargées de l'élaboration des programmes de cours, les établissements et les enseignants). Cinquièmement, une fois leurs capacités renforcées, il faut assurer la continuité dans l'organisation et la mise en œuvre des évaluations et dans l'interprétation des résultats au niveau des membres du personnel. Fréquente dans de nombreux pays en développement, la rotation des fonctionnaires et des experts aura un impact négatif sur cette capacité. Enfin, le soutien et l'engagement de toutes les parties prenantes sont indispensables.

Les objectifs, les résultats et les implications de l'évaluation nationale doivent donc être clairement communiqués, et les préoccupations des parties prenantes qui se sentent menacées par les politiques ou les décisions doivent être prises en compte.

LA FIABILITÉ ET LA PERTINENCE DES INFORMATIONS FOURNIES PAR UNE ÉVALUATION

Avant d'examiner les décisions à prendre sur la base des résultats d'une évaluation, les décideurs doivent s'assurer que les informations fournies par celle-ci sont fiables et réalistes. Tel sera le cas si : (a) l'équipe d'évaluation nationale est techniquement compétente, (b) les savoirs et savoir-faire des élèves mesurés par le test sont correctement représentés dans l'instrument d'évaluation, (c) les procédures appropriées ont été suivies dans la collecte et l'analyse des données, et (d) l'apprentissage des élèves est décrit de façon suffisamment détaillée et en tenant compte des besoins et des compétences techniques des utilisateurs (chapitre 1 ; voir aussi Postlethwaite, 2004a : chapitre 5).

Les décideurs et les gestionnaires ont besoin d'informations qui répondent à leurs préoccupations, et sur lesquelles ils peuvent s'appuyer pour élaborer et planifier des politiques, et prendre des décisions. Un certain nombre d'évaluations nationales ne réussissent pas à répondre à ces besoins. Par exemple, un test trop difficile qui ne parvient pas à établir des distinctions aux niveaux inférieurs de performance des élèves ne fournira pas les renseignements nécessaires à un haut fonctionnaire du ministère pour décider d'allouer des ressources aux élèves peu performants. Des résultats d'évaluation qui ne fournissent que des scores moyens ou un classement de ces scores par zone géographique, en omettant d'analyser les performances que ces scores représentent, ne procureront pas d'informations suffisamment détaillées aux concepteurs des programmes de cours et aux formateurs d'enseignants. Enfin, les rapports d'évaluation qui ne sont finalisés qu'au bout de trois ou quatre ans risquent de ne plus intéresser les responsables des politiques, car leurs résultats ne seront plus pertinents pour les problèmes ou le personnel qui aura lancé l'évaluation.

LES PROCÉDURES VISANT À IDENTIFIER LES POLITIQUES OU ACTIONS APPROPRIÉES À L'ISSUE D'UNE ÉVALUATION

Dans certains cas, les résultats d'une évaluation nationale indiqueront clairement les actions requises pour résoudre un problème identifié. Cependant, en règle générale, les actions requises ne seront pas évidentes. L'évaluation permettra d'identifier les problèmes, mais les informations fournies ne généreront pas de solution ou ne permettront pas de choisir entre plusieurs options d'action. Par exemple, l'évaluation peut démontrer des faiblesses de performance dans certains domaines, ou faire en lien entre la performance et certains facteurs contextuels, indiquant que la performance des filles est inférieure à celles des garçons ou que les élèves des petites écoles rurales sont moins performants qu'en zone urbaine. Cependant, l'identification des facteurs liés à la performance des élèves n'explique pas de façon évidente les différences entre garçons et filles, ou entre des élèves vivant dans des zones géographiques différentes. De nombreuses évaluations nationales abordent partiellement cette problématique en collectant des données supplémentaires sur les conditions d'apprentissage. Les résultats des analyses qui associent ces conditions aux performances des élèves peuvent permettre, sans identifier des actions spécifiques, de mieux comprendre les facteurs affectant les résultats, et de s'appuyer sur cette base pour l'élaboration de politiques et la prise de décisions (Blalock, 1999).

Outre la reconnaissance de la complexité de la prise de décisions à l'issue d'une évaluation, les responsables des politiques et les décideurs doivent être conscients de la faisabilité et du rapport coût-efficacité des initiatives de suivi ou réformes. De toute évidence, la priorité doit être accordée à l'identification des intrants susceptibles d'agir sur l'apprentissage. Ainsi, certains intrants (par exemple, des installations scolaires élaborées) peuvent être très attrayants, mais sans être plus efficaces que des intrants modestes. L'impact du coût d'une intervention sur le budget de l'éducation est également important. Même si les élèves sont susceptibles d'apprendre mieux dans de très petites classes, le coût de la mise en œuvre d'une telle stratégie dans les pays en développement peut être trop élevé pour constituer une option viable

(Lockheed et Verspoor, 1991). Ce chapitre identifie quatre procédures (qui ne s'excluent pas mutuellement) dans lesquelles les résultats de l'évaluation peuvent contribuer à définir des politiques ou des actions appropriées.

Discuter des résultats

À l'issue d'une évaluation nationale, il est essentiel d'impliquer les parties prenantes dans une discussion et une interprétation de ses constatations pour en comprendre les implications, suggérer des liens de causalité et proposer des approches pour résoudre les problèmes identifiés. Différentes sources d'information et d'expertise et de nombreuses parties prenantes peuvent jouer un rôle dans l'interprétation de ces résultats et la recherche de solutions. La contribution des personnes participant au fonctionnement quotidien des écoles (enseignants, inspecteurs, superviseurs ou conseillers) sera particulièrement importante.

De nombreux pays organisent des séminaires et des ateliers après une évaluation nationale pour permettre l'expression de divers points de vue sur la question. D'autres approches plus formelles de l'examen des résultats (par exemple, des délibérations d'une commission nationale ou l'élaboration d'une stratégie sectorielle nationale) sont également utilisées (voir le chapitre 5).

Laisser les constatations « éclairer » le processus d'élaboration des politiques

L'utilisation des constatations d'autres recherches éducatives axées sur les politiques montre que l'impact des résultats des évaluations nationales serait plus conceptuel qu'instrumental. De ce fait, les constatations entreraient sur la scène politique, non pas grâce à leur application directe, mais sous forme de généralisations, d'orientations et de conseils généraux qui « éclairent » le processus d'élaboration des politiques, façonnant ainsi la réflexion sur ces questions et documentant le débat général et les discussions (Husén, 1984 ; Weiss, 1979). Dans cette perspective, l'utilisation des recherches est un processus graduel et diffus, fournissant des concepts et des perspectives théoriques qui imprègnent le processus d'élaboration des politiques, affectent la compréhension des questions d'éducation, et proposent des solutions appropriées aux problèmes.

« L'éclairage » ne doit pas se limiter à ceux qui formulent et prennent les décisions. La publication des résultats d'une évaluation nationale peut permettre de sensibiliser non seulement les responsables des politiques et les gestionnaires, mais aussi l'ensemble des citoyens. La sensibilisation du public, à son tour, peut servir à souligner le rôle essentiel de l'éducation dans la réalisation des objectifs nationaux, et mobiliser l'opinion publique pour soutenir les efforts visant à améliorer l'offre éducative.

Bien que les avantages de l'éclairage soient évidents, une telle utilisation des constatations issues de la recherche peut présenter des inconvénients. Premièrement, le processus peut faire l'objet d'une simplification excessive et d'une distorsion. Deuxièmement, des recherches médiocres peuvent attirer autant d'attention que de bonnes recherches. Troisièmement, certains résultats de recherche importants sont susceptibles de ne jamais parvenir aux décideurs ou responsables des politiques. L'utilisation des résultats des évaluations nationales pour éclairer les parties prenantes (y compris le public) sur l'état du système éducatif doit donc être encouragée, mais elle ne suffit pas. Le ministère de l'Éducation et les autres parties prenantes clés doivent étudier attentivement les résultats d'une évaluation nationale afin de pouvoir concevoir des politiques et des actions spécifiques visant à corriger les lacunes identifiées.

Résoudre les problèmes spécifiques identifiés dans une évaluation nationale

Dans certaines évaluations nationales, les actions nécessaires pour résoudre des problèmes spécifiques seront évidentes. Par exemple, si des écoles n'ont pas les ressources spécifiées dans les règlements du ministère (par exemple, les manuels scolaires), des mesures devront être prises pour les fournir. Si les connaissances des enseignants sur la matière sont insuffisantes, des formations continues ciblées sur les faiblesses identifiées semblent être le meilleur moyen d'y remédier.

Se référer à d'autres résultats de recherche

Le recours à d'autres résultats de recherche peut aider à tirer des conclusions sur les relations de cause à effet suggérées par une évaluation nationale, et fournir une base plus sûre pour l'élaboration de politiques. Ces résultats peuvent provenir de diverses études, y compris des études sur l'efficacité de l'établissement et des enseignants ; des études sur l'influence relative des facteurs scolaires et domestiques sur l'apprentissage des élèves ; et des études sur les processus en salle de classe, la taille des classes, et les effets du redoublement. En montrant comment les résultats des évaluations nationales peuvent contribuer à améliorer l'enseignement et l'apprentissage en classe, le chapitre 6 examine certains travaux de recherche – notamment des études sur l'efficacité des établissements et des enseignants.

Il faut néanmoins rester prudent lorsqu'on utilise les résultats de recherches pour soutenir les constatations issues des évaluations nationales. Les recherches peuvent être techniquement inappropriées, et leurs résultats peuvent manquer de pertinence par rapport au contexte de l'évaluation nationale. Les problèmes potentiels risquent d'être amplifiés si la recherche a été menée dans d'autres pays. Par exemple, les résultats de recherches effectuées dans des pays économiquement développés peuvent ne pas être pertinents pour un pays en développement. Ou la conclusion selon laquelle les petites classes sont associées à des performances supérieures est généralement basée sur des études américaines, où les classes comptent un maximum de 20 élèves (voir, par exemple, Finn et Achilles, 1990), ce qui est rarement le cas dans les pays en développement.

LA DÉTERMINATION D'UNE INTERVENTION CIBLÉE OU À L'ÉCHELLE DU SYSTÈME

Il est important de déterminer si l'intervention doit se faire à l'échelle du système ou si elle doit cibler des sous-groupes de populations ou des secteurs du système éducatif. Les interventions à l'échelle du système visent à améliorer la performance de la totalité des élèves, et comprennent l'amélioration des techniques d'enseignement, la réforme des programmes de cours et des manuels scolaires. Une initiative de formation des enseignants peut être ciblée, ou être entreprise à l'échelle du système. D'autres interventions ciblées comprennent diverses dispositions. Tout d'abord, une intervention peut fournir des ressources supplémentaires aux élèves ayant des besoins éducatifs spéciaux (par exemple, les programmes de prévention précoce ou de rattrapage scolaire en lecture). Deuxièmement, une intervention peut impliquer diverses actions et politiques, telles que la suppression ou l'atténuation d'obstacles pédagogiques (par exemple, le manque de matériel didactique ou des enseignants peu performants) et des barrières économiques (par exemple, les frais de scolarité ou heures non travaillées). Ces actions peuvent être conçues pour influer directement sur la performance de sous-groupes de population tels que les élèves issus de milieux socioéconomiques défavorisés, les enfants déplacés par les troubles civils, les orphelins, les minorités linguistiques, les élèves des petites écoles rurales ou les filles (dans certaines sociétés). Troisièmement, une intervention peut être conçue pour influer indirectement sur les performances cognitives des élèves (par exemple, les programmes de participation des parents ou des programmes nutritionnels ou de restauration scolaire) (voir Willms, 2006 ; Banque mondiale, 2004). Les interventions ciblées exigent souvent que les établissements élaborent et soumettent un plan décrivant comment elles proposent d'utiliser les ressources supplémentaires pour améliorer l'apprentissage des élèves.

LA COMPLEXITÉ DE L'ÉLABORATION DE POLITIQUES ET DE LA PRISE DE DÉCISIONS

Le chapitre 1 a évoqué le fait qu'une série de facteurs politiques pouvait jouer un rôle dans la détermination de la forme d'une évaluation nationale. Dans ce chapitre, nous aborderons la complexité de la formulation des politiques et de la prise de décisions suite à une évaluation de l'environnement politique décrit au chapitre 1.

L'élaboration des politiques n'est pas un processus linéaire simple dans lequel un problème est identifié, des solutions envisagées et des stratégies de mise en œuvre conçues. Elle implique en général des activités politiques complexes, notamment de négociation, de compromis et de réponse à des pressions et lobbies provenant de sources multiples qui doivent s'intégrer dans des systèmes de croyances et de valeurs préexistants (voir Blalock, 1999). Pour prendre une décision, un responsable de politique peut juger les résultats d'une évaluation utiles, mais il/elle devra également tenir compte de nombreuses considérations politiques et autres, aux niveaux national et local. Il devra, entre autres considérations, tenir compte des points de vue des représentants politiques (positions idéologiques et préoccupations quant à la réponse des électeurs et l'éligibilité), de la disponibilité du budget, des opinions et intérêts des parties prenantes et des groupes d'intérêt, des positions traditionnelles et des tendances actuelles.

La relation entre une évaluation nationale et les facteurs politiques a des aspects positifs. Par exemple, les forces politiques peuvent être mobilisées pour soutenir l'utilisation des constatations de l'évaluation. En particulier, l'appui aux politiques et décisions basées sur les résultats d'évaluation sera renforcé si les principales parties prenantes ont été activement impliquées dans l'évaluation dès le début de la conception. Certes, à toutes les étapes, les parties prenantes doivent être informées des aspects pertinents de l'élaboration des politiques et de la prise de décisions pour s'assurer qu'elles comprennent la nécessité et le bien-fondé de la réforme. Une représentation des intérêts des parties prenantes dans un comité directeur de la mise en œuvre de l'évaluation nationale peut permettre de parvenir à cette fin (voir Greaney et Kellaghan, 2008, volume 1 de cette série). Les responsables des politiques, dans leur recherche de soutien à la réforme, peuvent également ressentir le besoin d'invoquer des principes largement acceptés par la communauté – par exemple l'égalité des chances pour tous, l'importance de justifier les dépenses par la qualité de l'apprentissage, et la nécessité de fournir une base solide au développement des élèves et de l'économie nationale.

Le lien étroit entre une évaluation nationale et la scène politique n'est pas sans danger, malgré la perspective d'améliorer l'élaboration des politiques et la prise de décisions. Si une évaluation devient l'enjeu d'un conflit politique, il est peu probable qu'elle jouera un rôle majeur dans l'amélioration de l'apprentissage des élèves. En Argentine, les informations issues des évaluations ont principalement servi à justifier des politiques et des réformes nationales et à réglementer les autorités provinciales, plutôt qu'à concevoir des politiques compensatoires (Benveniste, 2002 ; Givrez et Larripa, 2004) –, reflétant ainsi les tensions entre le pouvoir central et les autorités provinciales. Une situation semblable a été observée en République arabe d'Égypte, où des directions locales de l'éducation ont refusé de coopérer à une évaluation nationale, au prétexte qu'elle était perçue comme le moyen dissimulé de renforcer le contrôle du gouvernement central (Carroll, 1996).

En Uruguay, la situation était différente mais impliquait également un conflit entre des acteurs puissants. Craignant l'utilisation des résultats d'une évaluation nationale contre les professeurs, des syndicats d'enseignants ont refusé de coopérer tant qu'un accord n'était pas trouvé sur plusieurs points : les rapports sur la performance des établissements ne devaient pas être publiés, l'influence des facteurs contextuels liés aux élèves sur la performance devait être reconnue, et les enseignants ne devaient pas être tenus directement responsables de la performance des élèves (Benveniste, 2002 ; Ravela, 2005). Ce conflit a été résolu par la négociation. Les résultats n'ont pas été utilisés pour engager la responsabilité des enseignants, et l'Uruguay offre des exemples très intéressants d'utilisation des résultats des évaluations nationales pour améliorer l'apprentissage des élèves (voir le chapitre 6).

CONCLUSION

Ce chapitre sur la traduction des résultats d'une évaluation nationale en politiques et actions a identifié deux problèmes majeurs. Le premier a trait à la complexité de la formulation des politiques et de la prise de décisions, à la capacité institutionnelle d'assimiler et utiliser les informations, et la nécessité de tenir compte de différents groupes d'intérêt dans le processus. Le second a trait aux données probantes utilisées pour interpréter les constatations d'une évaluation et au moyen de de tirer des conclusions sur les méthodes les plus appropriées de conception des politiques ou des interventions qui résoudront les problèmes identifiés dans l'évaluation dans le but d'améliorer l'apprentissage des élèves.

D'aucuns pourraient soutenir que la base de la prise de décisions serait renforcée si les stratégies d'amélioration de l'apprentissage des élèves suggérées par les constatations de l'évaluation nationale étaient évaluées dans le cadre d'une étude expérimentale ou quasi expérimentale (voir le chapitre 8). Mais pour plusieurs raisons, dont des contraintes de temps, le coût et la disponibilité du personnel doté des compétences techniques nécessaires, ce plan d'action est peu probable. En règle générale, les responsables des politiques et les décideurs s'appuieront, au mieux, sur la diffusion des constatations pour promouvoir la conceptualisation et une meilleure compréhension des questions, un débat entre les parties prenantes sur ces constatations, et une prise en compte de travaux de recherche pertinents, y compris lorsque ces travaux ne proviennent pas du pays où l'évaluation a été réalisée.

CHAPITRE  CONSTATATIONS DE L'ÉVALUATION NATIONALE, POLITIQUES ET GESTION DE L'ÉDUCATION

Les responsables des politiques – représentants politiques, administrateurs de l'éducation et hauts fonctionnaires du ministère de l'Éducation – sont les principaux destinataires des résultats d'une évaluation nationale. Ces résultats peuvent avoir des répercussions sur le travail d'autres parties prenantes (par exemple, les concepteurs des programmes de cours, les formateurs d'enseignants ou les enseignants eux-mêmes), mais ce sont probablement les fonctionnaires ministériels qui joueront un rôle dans l'élaboration des politiques, la diffusion d'informations ou de directives ou l'allocation de ressources. Ce chapitre attire l'attention des décideurs et responsables des politiques sur une série d'usages potentiels et réels des résultats d'une évaluation dans les délibérations politiques et la gestion de l'éducation.

Quatre de ces usages concernent l'apport d'informations sur l'état de l'éducation et, en particulier, sur la performance des élèves : (a) la description de la performance, (b) la description des ressources, (c) le suivi de la performance et (d) la révision du système éducatif. Cinq autres usages concernent l'utilisation de ces informations pour combler les lacunes identifiées dans l'évaluation : (e) l'élaboration de politiques générales et le soutien au processus de prise de décisions conjointement avec d'autres informations, (f) l'établissement de normes, (g) l'apport de ressources additionnelles aux établissements scolaires (à l'échelle du système ou de manière ciblée), (h) le soutien à la révision des programmes de cours et (i) la révision des manuels scolaires.

LA DESCRIPTION DE LA PERFORMANCE

L'objectif fondamental d'une évaluation nationale est de fournir des informations sur la performance des élèves – en particulier sur les lacunes observées –, préalable indispensable à toute intervention (Aguerrondo 1992). Par ailleurs, ces informations sont vraisemblablement uniques, n'étant généralement pas disponibles via d'autres sources. Alors que les ministères de l'Éducation recueillent systématiquement des données sur les intrants du système éducatif (par exemple, le nombre d'élèves, les installations matérielles, les supports de programmes, la proportion enseignants-élèves), une évaluation nationale fournit, elle, des informations sur les résultats de l'investissement éducatif que ces intrants représentent. Les responsables des politiques qui auront lu le rapport sur les constatations d'une évaluation nationale (tel que décrit au chapitre 2) auront une vision globale de l'apprentissage des élèves qui, inévitablement, sans être liée explicitement aux attentes, suscitera des interrogations sur l'adéquation de la performance des élèves. Ils sont également susceptibles d'obtenir des informations sur des domaines spécifiques de performance dans lesquels les élèves éprouvent des difficultés, ainsi que des données sur la performance de sous-groupes de la population.

Le rapport d'une évaluation nationale présente généralement les données relatives à la performance sous forme de scores moyens, lesquels ne fournissent en soi que des informations limitées pour la prise de décisions. Des descriptions plus concrètes de la performance, sous forme de niveaux de compétence (ce que les élèves connaissent et savent faire), comme décrits au chapitre 2, fournissent une base plus documentée pour les décisions et les actions à entreprendre.

Des informations utiles peuvent être obtenues lorsque la variance de la performance est subdivisée en composantes inter et intra-établissements (voir le chapitre 2). Les grandes différences inter-établissements sont parfois interprétées comme des indices d'une disparité des opportunités d'apprentissage dans le système éducatif. Les responsables des politiques doivent néanmoins se méfier de ce type d'interprétation, qui ne tient pas compte des différences entre établissements au niveau des facteurs non maîtrisables (caractéristiques des élèves lors de leur inscription et effets continus de ces caractéristiques sur le travail de l'établissement).

Les différences inter-établissements, qui peuvent fournir une orientation sur l'intervention, méritent tout de même d'attirer l'attention des responsables des politiques. Lorsque les différences inter-établissements sont relativement faibles dans une région, et que les ressources financières sont limitées, une intervention sélective dans certaines écoles n'est probablement pas justifiée. En revanche, le ciblage des écoles à faible niveau de performance peut se justifier dans les régions présentant de grandes différences inter-établissements.

LA DESCRIPTION DES RESSOURCES

Une évaluation nationale recueille souvent des informations sur les ressources disponibles dans les établissements. Par exemple, une évaluation réalisée en Inde en 2000 a déterminé que plus de 90 % des établissements scolaires disposaient d'une cloche, d'un tableau, de craies et d'une brosse à effacer, près de 75 % d'eau potable, et moins de 40 % de toilettes séparées pour les filles (Singh et coll., s.d.).

Plusieurs évaluations nationales en Afrique révèlent un manque flagrant de ressources. Au Kenya, de nombreuses écoles avaient un nombre insuffisant de tables et de manuels scolaires (Nzomo, Kariuki et Guantai 2001). Les programmes radiophoniques à l'attention des écoles ne touchaient pas un minimum d'un tiers des élèves, privés d'accès à la radio scolaire (tableau 5.1). À Zanzibar, une évaluation a mis en évidence un manque important de mobilier dans les classes (par exemple, tables et tableaux) et de fournitures (manuels scolaires et crayons) (Nassor et Mohammed 1998). Au Nigéria, peu d'établissements disposaient de cartes géographiques (13 %), de graphiques

TABLEAU 5.1

Pourcentage d'établissements possédant certains équipements scolaires de base : Kenya

Équipement	Pourcentage	Écart type
Ordinateur	1,2	0,77
Duplicateur	19,9	3,11
Télécopieur	0,5	0,35
Projecteur de films	0,4	0,27
Rétroprojecteur	0,3	0,30
Photocopieur	1,1	0,70
Radio	66,4	4,31
Magnétophone	10,9	2,38
Télévision	3,2	1,74
Machine à écrire	27,5	3,70
Magnétoscope	1,3	0,77

Source : Basé sur Nzomo, Kariuki et Guantai 2001 : tableau 3.1.4.

ou affiches (15 %), ou d'équipements sportifs (5 %). Les réponses des enseignants aux items du questionnaire reflétaient également de fortes préoccupations sur le manque de matériel pédagogique, le manque de respect accordé aux professeurs, les mauvaises conditions de travail et le paiement irrégulier des salaires (ministère fédéral de l'Éducation du Nigéria 2000).

Au Malawi, le suivi des changements dans la fourniture de ressources pédagogiques entre 1998 et 2002 a constaté des progrès pour toutes les installations (tableau 5.2). Au Zimbabwe, une étude réalisée en 1990 a révélé que les écoles du Matabeleland méridional disposaient de ressources moins importantes que dans les autres régions. Une étude de suivi réalisée en 1995 n'a relevé aucune amélioration (Postlethwaite 2004b).

LE SUIVI DE LA PERFORMANCE

Si des données peuvent être recueillies à partir d'évaluations réalisées à des périodes diverses, il est possible d'identifier des tendances (amélioration, stagnation ou détérioration) dans la performance

TABLEAU 5.2
Pourcentage d'établissements possédant des installations scolaires, 1990–2002 : Malawi

Équipement	SACMEQ I	SACMEQ II
Craie	95,2	96,4
Bibliothèque de classe	13,3	20,4
Armoire	17,8	51,2
Une ou plusieurs étagères	14,7	17,6
Siège pour le professeur	42,3	50,5
Bureau pour le professeur	40,7	47,7
Tableau opérationnel	84,8	94,5
Tableau mural	56,6	58,2

Source : Postlethwaite 2004b. Reproduction autorisée, Rapport mondial de suivi sur l'EPT, UNESCO.
Remarque : Le Consortium de l'Afrique australe et orientale pour le pilotage de la qualité de l'éducation (SACMEQ) est un organisme de développement international à but non lucratif composé de 15 ministères de l'Éducation de l'Afrique australe et orientale qui partagent leurs expériences et leur expertise pour développer les capacités des planificateurs de l'éducation pour l'application de méthodes scientifiques dans le suivi et l'évaluation des conditions de scolarisation et de la qualité de l'éducation. Le SACMEQ a réalisé deux grands projets de recherche sur les politiques éducatives (SACMEQ I et SACMEQ II).

(voir le chapitre 2). Ces informations servent parfois à contrôler les effets d'un changement sur la performance des élèves dans le système éducatif (par exemple, changement de langue d'enseignement ou augmentation de la taille des classes). Aux États-Unis, les données issues de l'Évaluation nationale des progrès de l'éducation (NAEP) permettent de suivre l'initiative *No Child Left Behind* (Aucun enfant laissé pour compte). Outre le suivi de la NAEP, chaque État est tenu de suivre les progrès de tous les élèves depuis la troisième jusqu'à la huitième année scolaire, à l'aide de ses propres tests de compréhension de l'écrit, de mathématiques et de sciences. De nombreux États ont relevé des améliorations importantes sur la durée, ce qui n'a pas été le cas pour les résultats de la NAEP. L'amélioration enregistrée de 2003 à 2005, notamment pour la 8e année, était beaucoup plus importante dans les tests des États que dans ceux de la NAEP. Dans le Maryland, par exemple, les élèves de 8e année ayant enregistré une amélioration de 12 % en mathématique dans les tests d'État n'affichaient aucune amélioration dans le test de la NAEP (de Vise 2005). Cette différence s'expliquait probablement par l'importance attribuée aux tests de l'État, qui prévoyaient des sanctions. De ce fait, les professeurs avaient axé leur enseignement sur le contenu des tests de l'État, produisant l'augmentation des scores sans amélioration concomitante des savoir-faire censés être mesurés par les tests (voir Madaus et Kellaghan 1992).

En Uruguay, des améliorations considérables ont été relevées dans la performance des élèves de sixième année entre 1996 et 2002 dans le cadre de l'évaluation nationale. L'amélioration est particulièrement flagrante chez les élèves des établissements « très défavorisés », dans lesquels le taux d'élèves ayant atteint un niveau « acceptable » au test est passé de 37,1 % à 54,8 %. Cette augmentation est supérieure à celle observée pour la même période dans les établissements situés dans des contextes sociaux jugés « très favorables », où le taux est passé de 57,1 % à 66,5 % (Ravela 2006).

Dans certains systèmes éducatifs, une évaluation nationale des performances est réalisée chaque année dans les mêmes matières, et auprès de la même population. Si l'objectif est de contrôler simplement les niveaux de performance, cette procédure semble inutile, et très coûteuse. Dans la plupart des pays industrialisés, les niveaux de performance sont contrôlés moins fréquemment. Aux États-Unis, par exemple, où les ressources financières et techniques sont plus importantes que dans les pays en développement, la NAEP en mathématiques et compréhension de l'écrit est effectuée tous les deux ans.

Une analyse des résultats des évaluations nationales réalisées depuis plusieurs décennies indique que la performance des élèves ne peut pas s'améliorer sur un court laps de temps, malgré les efforts déployés pour résoudre les problèmes identifiés. De ce fait, un intervalle de quatre à cinq ans entre les évaluations semble raisonnable. En effet, si les évaluations nationales administrées sur une courte période indiquent des changements conséquents, l'équivalence entre les tests et les procédures utilisées peut être remise en cause. De plus, dans de nombreux pays, les principales évolutions de la performance au fil du temps concernent la population scolarisée. La hausse des taux de participation engendre des problèmes de comparabilité qui requièrent une analyse minutieuse. Cette difficulté et d'autres problèmes d'évaluation de l'évolution de la performance au fil du temps peuvent résulter de changements dans les programmes de cours, la langue d'enseignement et les attentes, et de questions techniques, notamment lorsque les hypothèses formulées dans les modèles de mesure (en particulier, la modélisation de la réponse à l'item) ne sont pas confirmées, ou lorsque les scores des élèves régressent vers la moyenne (Goldstein 1983).

LA RÉVISION DU SYSTÈME ÉDUCATIF

Dans de nombreux pays, les constatations d'une évaluation nationale (ou régionale) sont mentionnées dans des études sur les politiques d'éducation ou la dotation en ressources, ou servent à appuyer de grandes initiatives de réforme (voir le tableau 5.3).

L'exemple de la République dominicaine est un bon exemple d'utilisation des résultats pour une révision majeure du système éducatif, qui a donné lieu à des stratégies ambitieuses visant à améliorer la qualité de l'éducation (encadré 5.1). La révision a été au centre des réunions des équipes régionales de responsables et de membres des communautés et des réseaux scolaires qui ont cherché à comprendre les raisons des faibles performances et proposé des stratégies pour les améliorer.

LA FORMULATION DE POLITIQUES GÉNÉRALES ET LE SOUTIEN AU PROCESSUS DE PRISE DE DÉCISIONS

Des données probantes, objectives et valides, sur l'état de l'éducation, telles que celles apportées par une évaluation nationale bien conçue et administrée, doivent servir à injecter une composante objective dans les décisions, et à garantir une bonne connaissance des données empiriques, des biais personnels, des intérêts particuliers, des témoignages anecdotiques, des mythes et des autres formes de « sagesse accumulée » (voir l'encadré 5.2). En outre, les informations concrètes et convaincantes d'une évaluation peuvent mettre en évidence des problèmes liés à l'accès, la qualité, l'efficacité ou l'équité, susceptibles de passer inaperçus ou, tout du moins, de ne pas être

TABLEAU 5.3
Pays ayant utilisé les résultats d'une évaluation nationale pour réviser le système éducatif

Pays	Exemples d'utilisations déclarées
Argentine	Instauration d'un programme d'inspection des écoles
Bolivie	Mise en relation des données de l'évaluation avec un programme nutritionnel pour enfants
Burkina Faso	Apport d'intrants pour une analyse au niveau du pays
Cuba	Renforcement des programmes d'éducation préscolaire et de protection de la petite enfance
Kenya	Établissement de valeurs de référence pour la fourniture d'installations
Koweït	Soutien à la politique d'introduction de bibliothèques dans les classes
Malawi	Apport d'informations pour un programme de réforme
Maurice	Utilisation des données pour soutenir une étude sectorielle nationale
Namibie	Utilisation par une commission nationale
Népal	Soutien à un programme majeur de réforme gouvernemental
Niger	Apport d'informations pour une analyse au niveau du pays
Ouganda	Utilisation pour la préparation d'un programme de réforme de l'éducation
Sri Lanka	Apport d'informations pour une stratégie sectorielle nationale pour l'éducation
Uruguay	Soutien à une politique d'expansion d'un programme d'équité pour les écoles à plein temps
Vietnam	Utilisation pour établir des valeurs de référence pour la fourniture d'installations (tables par élève, manuels par élève)
Zanzibar (Tanzanie)	Utilisation pour la révision de politiques éducatives, de normes et de valeurs de référence
Zimbabwe	Utilisation dans une analyse réalisée par une commission

Sources : Basée sur Arregui et McLauchlan 2005 ; Bernard et Michaelowa 2006 ; Ferrer 2006 ; ministère de l'Éducation du Koweït 2008 ; Murimba 2005 ; Nzomo et Makuwa 2006 ; Ravela 2002.

traités. Cependant, les informations issues d'une évaluation nationale ne vont pas identifier une politique prête à l'emploi ou des lignes d'action pour les responsables des politiques ou tout autre utilisateur potentiel. Comme cela a déjà été souligné, une évaluation nationale fournit des informations qu'il faut analyser dans le contexte d'autres

ENCADRÉ 5.1

Utilisation des résultats de l'évaluation pour promouvoir des réformes : République dominicaine

En mars 2005, des fonctionnaires de chacune des 17 régions du pays se sont réunis pour discuter des résultats obtenus par les élèves de leurs régions aux derniers tests nationaux, au terme du cycle d'enseignement primaire (8e année) et du cycle d'enseignement secondaire ou *bachillerato* (12e année), ainsi que des résultats des élèves au terme de la 4e année. Ils ont examiné les moyennes nationales dans différentes matières, branches ou disciplines du programme, ainsi que les écarts de résultats entre leur région et les autres, et entre l'ensemble de ces résultats et la moyenne nationale. Ils ont examiné les différences entre les écoles privées, publiques et celles bénéficiant de fonds publics ou à gestion privée. S'il n'existait aucune norme de référence pour la comparaison des performances, certaines définitions des compétences, des savoir-faire ou des contenus évalués étaient fournies aux administrateurs régionaux et aux directeurs d'établissement.

Ce fut l'un des principaux intrants d'un processus de planification stratégique du système, lancé récemment. Dix-sept équipes régionales et 101 équipes de districts – composées de responsables et membres éminents des communautés – ont analysé conjointement leurs principales forces et faiblesses pour la gestion d'un processus de réforme axé sur une amélioration de la qualité ; elles rédigent actuellement des plans de développement de l'éducation au niveau de la région et du district, dont l'objectif principal est l'amélioration de l'apprentissage. Certains districts ont réussi à mettre en place rapidement des réseaux d'établissements scolaires, dont le personnel se réunit régulièrement pour analyser en détail les résultats de la région au test national et réfléchir aux causes des faibles niveaux de performance. Bien qu'il n'existe pas de données probantes sur l'impact de divers facteurs déterminants, certaines décisions sont prises rapidement dans les districts sur la base des meilleures connaissances tirées de l'expérience. Il a été notamment décidé de partager les rares professeurs de sciences qualifiés disponibles entre plusieurs établissements du réseau. Des réseaux d'enseignants ont été également mis en place pour discuter des problèmes rencontrés dans le cadre des efforts visant à améliorer les capacités de compréhension de l'apprentissage.

Bien qu'il soit trop tôt pour déterminer si ces plans d'amélioration régionaux et locaux basés sur les informations issues des évaluations auront un impact durable, les autorités reconnaissent que ces réunions sont plus mobilisatrices que l'envoi de rapports aux établissements individuels et aux élèves dans tout le pays.

Source : Arregui et McLauchlan 2005: 32–33. Reproduction autorisée.

> **ENCADRÉ 5.2**
>
> **Mythes sur l'éducation aux États-Unis**
>
> Une évaluation nationale peut contribuer à discréditer les mythes suivants :
>
> 1. La performance en compréhension de l'écrit aux États-Unis a diminué au cours des 25 dernières années.
> 2. 40 % des enfants américains ne savent pas lire à un niveau élémentaire.
> 3. 20 % des enfants américains sont dyslexiques.
> 4. Les enfants de la génération du baby-boom lisent mieux que les élèves actuels.
> 5. Les élèves aux États-Unis sont parmi les plus mauvais lecteurs au monde.
> 6. Le nombre de bons lecteurs est en déclin.
> 7. Les scores obtenus au test réalisé en Californie ont considérablement chuté en raison des méthodes d'apprentissage globales.
>
> *Source :* McQuillan 1998.

facteurs, notamment la disponibilité des ressources (en personnel ou en matériel) et les intérêts particuliers des parties prenantes.

Des différences considérables existent dans les rapports d'évaluations nationales, notamment dans la façon dont ils tirent des conséquences des données, et dont ils formulent des recommandations pour l'action ou laissent ces activités aux utilisateurs. Dans leurs recommandations, certains rapports vont bien au-delà de ce qui se justifie par les constatations de l'évaluation (par exemple, en spécifiant les détails d'une intervention pour les élèves des écoles rurales ou en proposant des approches pour l'enseignement de la lecture ou des mathématiques). Les recommandations de ce type, quand elles sont formulées, doivent être étayées par d'autres éléments probants issus de recherches.

Les responsables des politiques et les hauts fonctionnaires du ministère de l'Éducation peuvent avoir besoin d'aide pour interpréter les constatations d'une évaluation nationale. Un des principaux objectifs du Consortium de l'Afrique australe et orientale pour le pilotage de la qualité de l'éducation était, en fait, de promouvoir le renforcement des capacités en donnant aux planificateurs de l'éducation des pays membres les compétences techniques nécessaires pour contrôler et évaluer la scolarisation et la qualité de l'éducation. Son approche se caractérisait entre autres par une formation sur « l'apprentissage par la pratique » destinée aux planificateurs, qu'elle cherchait à intégrer directement dans la réalisation d'études (SACMEQ 2007). L'Institut de la Banque mondiale a mis en œuvre un programme similaire de renforcement des capacités en Afrique et en Asie du Sud.

Bien qu'un grand nombre d'éléments probants indiquent que les évaluations nationales ont contribué à des débats sur la politique éducative et ses réformes, les données objectives indépendantes suggérant que les résultats des évaluations ont effectivement influencé les politiques sont assez limitées. On trouve une exception au Chili, où les résultats de l'évaluation nationale ont été utilisés en 1997 pour convaincre l'Assemblée nationale que des réformes substantielles de l'éducation étaient nécessaires, étant donné que 40 % des élèves ne comprenaient pas ce qu'ils lisaient (Schiefelbein et Schiefelbein 2000). Par la suite, les résultats des évaluations nationales ont joué un rôle dans plusieurs décisions relatives aux politiques, notamment dans les décisions suivantes (Meckes et Carrasco 2006) :

- L'allocation d'aides techniques et économiques du gouvernement national aux populations les plus défavorisées (selon les définitions dérivées du rendement de l'apprentissage) afin d'établir un programme d'alimentation scolaire et d'autres aides en faveur des élèves démunis (un programme qui représente 5 % du budget global de l'éducation publique)
- La définition par le ministère de l'Éducation de critères pour des interventions ciblées
- Le développement de programmes visant à améliorer la qualité et l'équité en matière d'éducation
- La définition de mesures d'incitation et d'objectifs pour l'amélioration
- L'évaluation de politiques et de programmes spécifiques
- La fourniture de données à des fins de recherche en matière d'éducation

LA FIXATION DE NORMES

Au cours de ces dernières années, les responsables des politiques éducatives et les organes chargés des programmes de cours dans de nombreux pays ont mis l'accent sur la définition de normes et l'étendue des acquis que les élèves doivent être en mesure de posséder au terme de plusieurs étapes de leur scolarité. Les résultats des évaluations nationales peuvent contribuer à cette tâche en appliquant des normes ou des objectifs de performance dans des matières clés, et en fournissant des indicateurs de référence pour suivre les progrès dans le temps. Poussé notamment par les résultats médiocres de son évaluation nationale des élèves de 4e année, le gouvernement roumain a par exemple utilisé les résultats pour fournir des informations de référence pour le suivi des futurs niveaux de performance (Bethell et Mihail 2005). Il s'est également appuyé sur les faibles résultats des élèves en zone rurale pour justifier le développement de son Projet d'éducation rurale soutenu par la Banque mondiale.

Les responsables des politiques, les bailleurs de fonds et d'autres parties prenantes doivent envisager la question des normes avec prudence, et notamment fixer des objectifs réalistes en termes de taux d'amélioration désirés. Au Pérou, certains responsables des politiques ont proposé une amélioration de 100 % des scores moyens sur une période de neuf mois (Arregui et McLauchlan 2005). Cet objectif est impossible à atteindre, en particulier s'il se base sur une échelle de scores qui ne comprend généralement pas le score zéro. La ville colombienne de Bogotá avait fixé un seuil de performance « acceptable » que moins de 2 % des établissements atteignaient à l'époque (Arregui et McLauchlan 2005). L'objectif *No Child Left Behind* (Aucun enfant laissé pour compte) aux États-Unis visant un niveau de compétence de 100 % aux tests fédéraux en 2014 semble appartenir lui aussi à la catégorie des objectifs irréalistes. En 2003, aucun État ni grand district n'a approché de près ou de loin 100 % d'élèves au « niveau élémentaire », et encore moins au niveau « compétent », que ce que ce soit en 4e ou 8e année, en compréhension de l'écrit ou en mathématiques (Linn 2005a).

Les différences de définition de notions telles que *compétence en compréhension de l'écrit* et *compétence en mathématiques* ont engendré

TABLEAU 5.4
Classement des élèves en 4ᵉ année ayant atteint ou dépassé le niveau
« compétent » dans les évaluations fédérales et nationales, 2005, États-Unis

État	État (% de niveau « compétent ») (1)	NAEP (% de « compétent »)[a] (2)	Différence (1) − (2)
Delaware	85	34 (1,2)	51
Idaho	87	33 (1,4)	54
North Carolina	83	29 (1,4)	54
Oregon	81	29 (1,5)	52
South Dakota	87	33 (1,3)	54

Source : Adapté de Stoneberg (2007), avec autorisation.
a. Les écarts-types pour la NAEP sont entre parenthèses.

des problèmes dans les déductions faites dans l'interprétation des évaluations sur la performance des élèves. Des données probantes provenant des États-Unis, par exemple, indiquent que la signification du terme *compétence* dans l'étude NAEP diffère de celle dans les évaluations réalisées au niveau des États. Par exemple, dans les États voisins du Maryland et de la Virginie, le pourcentage d'élèves jugés « compétents » en compréhension de l'écrit et en mathématiques différait dans les tests de la NAEP et dans les tests des États (de Vise 2005). Les données du tableau 5.4 montrent que pas moins de 85 % des élèves du Delaware obtenaient la qualification de « compétent » dans le test d'État, contre seulement 34 % au test de la NAEP.

L'ALLOCATION DE RESSOURCES AUX ÉTABLISSEMENTS SCOLAIRES

Il est possible de réagir aux constatations d'une évaluation nationale en augmentant les ressources allouées aux établissements scolaires. Les fonds peuvent être alloués au niveau du système, ou cibler des établissements ou des populations particulières.

L'allocation de fonds à l'échelle du système a caractérisé des interventions issues d'une évaluation nationale dans un certain nombre de pays. Au Kenya, où de nombreux établissements scolaires ne disposaient pas d'installations de base (par exemple, des tables et des manuels scolaires), le gouvernement a décidé d'introduire des valeurs de référence pour les installations des classes, s'engageant à doter tous les établissements scolaires de ces installations (Nzomo et Makuwa 2006). Au Zimbabwe, des fonds spéciaux ont été consacrés aux fournitures de classes et à la gestion des bibliothèques scolaires, et des programmes de formation ont été mis en œuvre (Madamombe 1995). En République dominicaine, comme indiqué dans l'encadré 5.1, les rares professeurs de sciences ont été répartis entre les écoles (Arregui et McLauchlan 2005).

Une intervention ciblée est mise en œuvre lorsque les constatations d'une évaluation indiquent un lien entre les ressources des établissements scolaires et la performance des élèves. Ainsi, si la performance des élèves dans les petites écoles rurales est inférieure à celle de la moyenne nationale, il est possible d'allouer des ressources additionnelles aux écoles. Dans le Queensland, Australie, des fonds additionnels ont été attribués aux établissements dont un certain nombre d'élèves avaient des scores faibles (15 % inférieurs) dans une évaluation de la littératie et de la numératie (Forster 2001). Au Koweït, les constatations indiquant de meilleurs scores en littératie pour les élèves de classes dotées de bibliothèques ou de « coins lecture » (test du Programme international de recherche en lecture scolaire) ont servi à étayer la politique du ministère de l'Éducation visant à installer des bibliothèques dans les classes (ministère de l'Éducation du Koweït, 2008).

Bien qu'une évaluation basée sur un échantillon ne fournisse pas des données sur tous les établissements, elle peut procurer des informations sur des catégories d'établissements (par exemple, les établissements scolaires dans différents lieux géographiques, de différents types, ou accueillant des populations de différents niveaux socioéconomiques), et une base à des interventions ciblant différentes catégories d'établissements. Les interventions conçues sur cette base semblent défendables, même si la prudence est de mise lorsqu'il s'agit d'identifier les établissements bénéficiaires. Dans la plupart des systèmes, on privilégie généralement les établissements susceptibles d'accueillir des élèves de milieux défavorisés (par exemple, les établissements où le niveau d'études des parents est bas). Dans certains pays, le type d'établissement scolaire ou sa situation géographique peuvent être un bon indicateur des bénéficiaires potentiels. Les données du recensement national, les données du système d'information de la gestion de l'éducation et les informations fournies par les inspecteurs d'école, les superviseurs et les conseillers peuvent également être utiles pour identifier les établissements.

Bien que le système des évaluations nationales au Chili soit basé sur le recensement, les dotations allouées pour les faibles niveaux de performance peuvent être pertinentes suite à une évaluation basée sur un échantillon, dès lors qu'un système approprié d'identification des établissements est mis en place. Des ressources additionnelles, notamment des manuels scolaires, des bibliothèques de classe et des supports pédagogiques, ont été attribuées aux écoles chiliennes dans les régions enregistrant une forte proportion d'élèves de milieux défavorisés avec de faibles scores à l'évaluation (González, Mizala et Romaguera 2002, Wolff 1998). Des activités extra-scolaires ont également été mises en place, les relations entre l'école et la communauté ont été développées et les établissements ont été contrôlés entre 8 et 16 fois par an par des responsables des administrations provinciales et centrales (Arregui et McLauchlan 2005).

Lorsque les responsables des politiques envisagent d'attribuer des ressources additionnelles aux établissements scolaires à l'issue d'une évaluation nationale, ils doivent déterminer si l'allocation de fonds sera permanente ou limitée dans le temps. Une initiative de durée limitée peut être préférable pour un certain nombre de raisons. Premièrement, les ressources globales étant restreintes, une dotation en faveur d'établissements ciblés, limitée dans le temps, peut être plus facile à accepter pour les autres établissements et parties prenantes, qui pourraient se sentir lésés en termes de ressources à leur disposition. Deuxièmement, une allocation de ressources temporelle est plus susceptible de se traduire par une intervention plus intensive, englobant, par exemple, une aide à l'utilisation des ressources. Troisièmement, l'assistance des bailleurs de fonds privilégie traditionnellement des initiatives clairement définies et limitées dans le temps (Chapman et Snyder 2000).

LE SOUTIEN À LA RÉVISION DES PROGRAMMES DE COURS

La révision des programmes de cours est plus souvent associée aux évaluations internationales que nationales, sans doute parce que les premières peuvent fournir des informations sur la manière dont des élèves d'un système éducatif réussissent dans un test de performance par rapport aux élèves d'autres juridictions (programme scolaire assimilé). L'évaluation peut également apporter des données comparatives issues des documents de programmes (le programme prévu appliqué au niveau du système éducatif), et des données sur la durée ou l'importance de certains domaines de performance (le programme appliqué dans les classes).

Une évaluation nationale peut aussi fournir des informations pertinentes pour la mise en œuvre du programme de cours ou sa réforme – naturellement, lorsque la performance réelle des élèves est comparée aux résultats escomptés, tels que spécifiés ou sous-entendus dans les documents des programmes, et que des écarts sont détectés. Cette comparaison peut mettre en évidence la façon dont le programme est enseigné, les facteurs associés à une application efficace, et indiquer si les attentes du programme vis-à-vis de la performance des élèves sont appropriées.

Les constatations d'évaluations nationales et de certaines évaluations réalisées au niveau des États ont été associées aux réformes des programmes de cours dans un certain nombre de pays. Au Brésil, les constatations de l'évaluation de l'État du Paraná sur la performance des élèves dans les principaux domaines du programme, et les difficultés éprouvées par les élèves ont été utilisées pour fournir aux enseignants une orientation sur leurs stratégies pédagogiques (Ferrer 2006). En Thaïlande, les faibles niveaux de performance des élèves en mathématiques et en sciences ont contribué à ce que l'on accorde plus d'importance dans les programmes aux savoirfaire du processus pédagogique et à l'application des connaissances (Pravalpruk 1996). En Guinée, les résultats d'une évaluation nationale ont mené au développement d'une initiative nationale de lecture visant à promouvoir l'enseignement dans les classes maternelles (R. Prouty, communication personnelle, Washington, D.C., 15 mai 2005). Le Panama fournit l'exemple d'une utilisation assez différente des constatations dans le contexte de la réforme des programmes. Dans ce pays, un des principaux objectifs de l'évaluation nationale était de vérifier l'impact d'un nouveau programme de cours (Ferrer 2006).

Un des problèmes relatifs à la plupart des évaluations nationales consiste dans le fait que l'adéquation du programme de cours prévu est considérée comme une évidence, et les tâches de l'évaluation sont basées sur celui-ci. L'analyse se limite ainsi à évaluer la mesure dans laquelle les élèves ont acquis les savoirs et savoir-faire spécifiés dans un programme de cours et, éventuellement, à déterminer si le programme a été enseigné correctement. Une telle hypothèse ignore toutefois que, dans de nombreux pays en développement, l'éducation est axée sur les élites, ce qui creuse un écart entre le programme de cours et les élèves moyens (Glewwe et Kremer 2006).

Dans un certain nombre de pays, l'adéquation du programme de cours a été remise en cause par les constatations d'une évaluation nationale. Un rapport au Bhoutan, préparé à l'issue de l'évaluation nationale effectuée en 2003 en 6e année, a souligné un problème de surcharge du programme et une révision stratégique du programme de cours de mathématiques a été recommandée « afin de réduire (ou supprimer) l'importance accordée à l'algèbre et à la géométrie, ou tout au moins alléger les exigences actuellement imposées aux apprenants » (Conseil des examens du Bhoutan 2004, viii, voir également Powdyel 2005). Le point de vue des parties prenantes dans l'interprétation des résultats des évaluations peut révéler la nécessité d'une réforme des programmes de cours. En Éthiopie, par exemple, le feed-back des professeurs, des élèves et des parents a été utilisé, avec une analyse de la performance des élèves aux tests de l'évaluation nationale, pour adopter des décisions sur la réforme des programmes de cours (Z. Gebrekidan, communication personnelle, Addis-Abeba, 30 juin 2008).

L'équipe de l'évaluation nationale en Uruguay, en concertation avec les professeurs, a été dans les tests au-delà des exigences officielles des programmes, ce qui a suscité un débat sur la validité et la pertinence de ce qui était enseigné dans les écoles. Au fil du temps, le cadre conceptuel du test (conjointement aux manuels scolaires des élèves et aux guides d'enseignement) est devenu une référence alternative pour les enseignants par rapport au programme national officiel (Ferrer 2006).

La valeur d'une évaluation nationale pour l'analyse et la révision des programmes est probablement renforcée si le personnel chargé des programmes participe à l'identification des savoir-faire exacts à évaluer. Ce personnel peut, par exemple, contribuer au processus de développement des tests en précisant la signification de termes tels que *la lecture*, qui peut être défini de diverses manières, depuis la capacité à prononcer des mots simples à la capacité à lire et à comprendre des phrases et des paragraphes simples, en passant par la capacité à construire un sens à partir de différentes formes de textes, y compris de longs passages littéraires et des textes informatifs (tels que des menus et des horaires). L'utilisation des constatations d'une évaluation nationale aux fins de la révision des programmes de cours sera également facilitée si le personnel chargé des programmes participe à la définition des niveaux de compétence et à la spécification du type d'analyse de données qui va faciliter leur tâche (par exemple, dans le cas de la numératie, le niveau de performance des élèves dans un ensemble d'items évaluant le calcul simple avec des nombres entiers, ou la compréhension conceptuelle de fractions et de décimaux). Enfin, l'équipe de l'évaluation nationale devrait rédiger un rapport bref sur les implications des constatations de l'évaluation pour la réforme des programmes de cours, et discuter de cette réforme avec l'organe responsable des programmes.

LA RÉVISION DES MANUELS SCOLAIRES

Idéalement, les manuels scolaires doivent refléter fidèlement le contenu des programmes de cours. Néanmoins, une étude réalisée par l'Association américaine pour l'avancement des sciences a constaté que le contenu des manuels scolaires de mathématiques et de sciences les plus populaires de l'enseignement secondaire de cycle moyen et supérieur n'était pas correctement aligné sur une série de valeurs de référence contenues dans la plupart des normes définies par les États (Kulm, Roseman, et Treistman 1999), lesquelles servent aussi à établir les normes de l'évaluation. Les résultats des évaluations nationales (et internationales) traitent ce problème en identifiant les aspects du programme qui méritent une couverture ou une attention plus importante dans des éditions nouvelles ou révisées des manuels des élèves et des professeurs.

Peu d'éléments probants démontrent que les évaluations nationales ont conduit directement à la révision des manuels scolaires, une initiative prise en général après que des changements substantiels ont été apportés au programme officiel. Cependant, un certain nombre d'exemples en Amérique latine démontrent que des modifications des manuels scolaires ont été effectuées parallèlement à l'activité d'évaluation. En Uruguay, par exemple, les équipes techniques chargées de l'évaluation nationale et de la révision des manuels scolaires se sont appuyées sur des perspectives conceptuelles et pédagogiques semblables, quoique non identiques (P. Arregui, communication personnelle, Lima, 22 septembre 2008). Dans le domaine de la langue, de nouvelles théories pédagogiques recommandant l'exposition à une gamme plus large de genres littéraires ont eu un impact sur le contenu des tests de performance et encouragé la production d'une vaste gamme de matériels de lecture.

Au Vietnam, une proposition intéressante sur les manuels scolaires a été faite à l'issue d'une évaluation nationale (Banque mondiale 2004). Après avoir découvert que moins de la moitié des élèves disposait de tous les manuels scolaires recommandés et de livres connexes, l'équipe de l'évaluation nationale a proposé qu'une liste de livres plus réduite et plus réaliste soit établie par l'organe responsable des programmes de cours, après quoi tous les efforts possibles devaient être déployés pour garantir la réception par tous les élèves de tous les livres.

L'utilisation des constatations de l'évaluation nationale pour la réforme des manuels scolaires est susceptible de croître dans les contextes suivants :

- Si l'évaluation implique la participation active de l'organe national responsable des programmes de cours au développement des tests
- Si l'unité de l'évaluation nationale communique les résultats à l'organe chargé des programmes de cours sous un format approprié

pour faciliter la révision de la qualité de la couverture du programme par les manuels scolaires
- Si les développeurs de normes ou de niveaux de performance comprennent notamment des personnes ayant une expérience dans le développement des programmes de cours, en supplément des personnels responsables de la mesure ou de l'évaluation de l'éducation.

CONCLUSION

Les utilisations potentielles des constatations d'une évaluation nationale dépendent en premier lieu des informations fournies par l'évaluation. De ce fait, les responsables des politiques et de la gestion doivent spécifier leurs besoins en termes d'information dès la planification de l'évaluation. Toutes les évaluations nationales fournissent une description de la performance des élèves. Toutefois, les utilisations qui peuvent conduire à décider d'une intervention, par exemple, vont dépendre en partie du nombre de détails fournis dans la description de la performance (par exemple, pour des matières ou des domaines de contenu distincts en mathématiques), et des indices fournis par l'évaluation sur les raisons des faibles niveaux de performance. La question de savoir si les données issues d'une évaluation identifient des problèmes solubles par la révision des programmes de cours ou des manuels scolaires sera également fonction du niveau de détail dans les tests de performance.

Toutes les évaluations nationales ne collectent pas des informations sur les ressources. Il est probable que des informations de ce type soient recherchées si l'allocation de ressources est une préoccupation dans l'ensemble du système.

Les résultats d'une évaluation peuvent jouer un rôle dans l'établissement de normes en matière de performance des élèves dans le système éducatif. Naturellement, l'identification de tendances ne sera possible que si des données comparables sont disponibles à différentes périodes.

Théoriquement, les résultats d'une évaluation peuvent être utilisés pour élaborer des politiques, réviser le système éducatif et prendre des décisions visant à doter les établissements scolaires de ressources additionnelles. Néanmoins, la mesure dans laquelle les évaluations sont effectivement utilisées à ces fins dépendra de toute une série de facteurs. Ces facteurs comprennent notamment la disponibilité de rapports d'une longueur appropriée, rédigés dans la langue appropriée et axés sur les intérêts et les besoins des responsables des politiques et des décideurs ; la disponibilité et l'utilisation de voies de communication adéquates ; la disponibilité de ressources budgétaires et l'intérêt, la capacité et la volonté des décideurs d'assimiler, interpréter et appliquer les constatations d'une évaluation.

CHAPITRE  CONSTATATIONS DES ÉVALUATIONS NATIONALES ET ENSEIGNEMENT

Bien qu'une évaluation nationale vise en premier lieu à fournir des informations aux responsables des politiques et du secteur éducatif, l'apprentissage des élèves ne peut s'améliorer que si les conclusions des évaluations nationales contribuent à élaborer des politiques et des stratégies visant à réformer les pratiques dans les établissements et les salles de classe. Après une évaluation, une approche consiste à introduire des interventions dans des établissements ou catégories d'établissements considérés comme nécessitant un appui particulier (par exemple, des ressources physiques supplémentaires ou un appui aux enseignants pour mettre à jour leurs savoirs et leur savoir-faire). Dans ce cas, l'autorité centrale précisera clairement les termes de l'intervention. Toutefois, une évaluation nationale ne donne généralement pas lieu à des interventions spécifiques. Habituellement, une fois les résultats publiés, il revient aux parties prenantes – enseignants, inspecteurs, conseillers et superviseurs – de décider et d'entreprendre des modifications à leurs pratiques susceptibles d'améliorer la performance des élèves. Ce chapitre tente d'expliquer comment les informations issues d'une évaluation nationale basée sur un échantillon peuvent se traduire en pratiques efficaces, et comment combler les lacunes des établissements et des classes individuelles.

À cette fin, ce chapitre introduit deux approches. La première se concentre sur l'amélioration du développement professionnel des enseignants à travers la formation initiale et continue. Dans la deuxième approche, les établissements jugent de la pertinence des constatations de l'évaluation nationale dans leur situation et, éventuellement, définissent des stratégies pour résoudre les problèmes identifiés. Ces deux approches ne sont pas toujours faciles à séparer. Les cours dispensés dans le cadre d'une formation continue (pour remettre à niveau les savoirs et les savoir-faire des enseignants) peuvent se dérouler dans les établissements mêmes, et dans l'idéal, des formations continues ou des ateliers peuvent soutenir la réponse des établissements à l'évaluation nationale.

LE DÉVELOPPEMENT PROFESSIONNEL DES ENSEIGNANTS

Les constatations des évaluations nationales constituent une vaste source de données pour les ministères de l'Éducation, les organes régionaux et les prestataires de formation initiale et continue des enseignants. Cette section décrit quatre sources de données à utiliser pour orienter les activités de développement professionnel des enseignants. Elle fournit ensuite des exemples issus de plusieurs pays.

Sources de données tirées d'une évaluation nationale permettant d'orienter le développement professionnel des enseignants

Quatre sources de données sont disponibles pour orienter le développement professionnel des enseignants : (a) le cadre d'évaluation et les exemples types de questions, (b) les résultats obtenus par les élèves à l'évaluation, (c) les réponses au questionnaire et (d) les résultats des enseignants à un test de performance (sur lesquels certaines évaluations nationales recueillent des informations).

Le cadre d'évaluation nationale et les exemples de questions. L'analyse d'un domaine ou d'un construct du programme de cours contenu dans un cadre d'évaluation nationale peut constituer en elle-même, indépendamment des résultats, une source importante d'informations et de perspectives nouvelles pour les enseignants. Par exemple, les enseignants en formation continue pourront être invités à réexaminer leurs pratiques à la lumière des performances en mathématiques contenues dans le cadre. Ils doivent se demander : « Est-ce que mon enseignement s'attache trop à la connaissance des procédures (telles que la multiplication des nombres) aux dépens de la résolution de problèmes plus complexes, ou est-ce que je prête trop peu d'attention à certains aspects du programme, par exemple l'enseignement des formes et de l'espace ? » Les cours de formation continue sont également l'occasion d'étudier des exemples types de questions, souvent publiés après une évaluation nationale et pouvant servir de modèle pour leur évaluation en classe (Département de l'Éducation de Géorgie, non daté).

La performance des élèves dans l'évaluation. Les cours de développement professionnel peuvent porter sur certains aspects du programme et du développement scolaires des élèves qui sont jugés problématiques dans une évaluation nationale. Par exemple, un examen attentif des résultats peut fournir des informations sur des domaines particuliers de la compréhension de l'écrit (par ex., la compréhension du sens implicite d'un texte) ou des mathématiques (par ex., la résolution de problèmes) pour lesquels les élèves, et par extension les enseignants, ont besoin d'assistance (voir le chapitre 2).

Les réponses au questionnaire. Une évaluation nationale fournit non seulement des données issues des tests d'évaluation de la performance des élèves, mais aussi d'autres informations qui peuvent servir à concevoir des cours. Tout aussi utiles, les informations issues des questionnaires peuvent faire la lumière sur nombre de facteurs pertinents pour l'enseignement : les conditions sociales et économiques de fonctionnement des établissements ; les problèmes rencontrés par les enseignants dans leur pratique pédagogique ; l'évaluation par les enseignants de la disponibilité, la qualité et l'utilité des ressources (y compris les manuels scolaires et manuels des enseignants) ; l'attitude des parents et des élèves à l'égard de l'éducation ; et le degré de motivation des élèves (voir Griffith et Medrich 1992). Dans l'évaluation nationale aux États-Unis, les informations fournies par les élèves et les enseignants dans les questionnaires – indicateurs d'une forte corrélation avec le degré de réussite des élèves – ont suscité la réflexion des enseignants. Les informations recueillies dans le questionnaire des élèves concernaient le niveau d'instruction des parents et les ressources éducatives au domicile ; le questionnaire des enseignants contenait des informations détaillées sur les méthodes d'enseignement des mathématiques (par exemple, comment les enseignants abordent les problèmes uniques et courants, comment ils utilisent les manuels et les fiches de travail et incitent les élèves à résoudre des problèmes de la vie réelle ou à travailler avec des partenaires) (voir Wenglinksy 2002).

Un exemple tiré de l'enquête TIMSS de 2003 illustre comment une question sur l'aptitude à enseigner différents aspects du programme de mathématiques a permis d'identifier des lacunes chez les enseignants, qui peuvent être comblées par une formation continue. Un rapport de cette étude présentait des données sur le pourcentage d'élèves dont les enseignants se sentaient capables d'enseigner certaines matières (Mullis et coll. 2004). Le tableau 6.1 donne un extrait de ce rapport pour deux des cinq branches de contenu des mathématiques (nombres et algèbre). Les données indiquent que la plupart des pays devraient axer leurs formations continues (et initiales) sur l'enseignement de compétences particulières, telles que les caractéristiques d'un graphique. Des questions similaires peuvent être incluses dans une évaluation nationale afin d'identifier les domaines à privilégier dans les cours de formation des enseignants.

Le questionnaire destiné aux enseignants peut également fournir des informations sur leur expérience de la formation continue et sur les besoins auxquels, selon eux, ces cours doivent répondre. En Inde et au Bhoutan, les données des questionnaires ont révélé que les enseignants avaient peu, voire aucune expérience en matière de formation continue, (Conseil d'administration des examens du Bhoutan 2004 ; Powdyel 2005 ; Singh et coll., non daté). Et au Lesotho, elles ont permis de révéler des besoins en matière de formation à l'enseignement de l'écriture (M. C. Ramokoena, communication personnelle, Maseru, 6 avril 2009).

Si ce type d'informations peut contribuer à orienter les programmes de formation continue des enseignants, un savoir-faire

TABLEAU 6.1

Pourcentage des élèves dont les enseignants se disent prêts à enseigner les mathématiques, données du TIMSS, 8ᵉ année

Pourcentage d'élèves dont les enseignants ont indiqué qu'ils se sentaient prêts à enseigner des domaines de mathématiques

Pays sélectionnés	Nombre		Algèbre			
	Représenter les décimaux et les fractions, utiliser la terminologie, les nombres et les lignes numérotées	Nombres entiers, y compris la terminologie, les nombres, les lignes numérotées, l'ordre des nombres entiers et les opérations (+, −, ×, et ÷) avec les nombres entiers	Séquences numériques algébriques géométriques	Équations linéaires simples et inégalités, et équations simultanées (à deux inconnues)	Représentations équivalentes de fonctions sous forme de paires ordonnées, de tableaux, de graphiques, de mots ou d'équations	Attributs d'un graphique, tels que les intersections des axes et les intervalles
Bulgarie	100	100	99	100	100	100
République islamique d'Iran	98	98	90	98	94	87
Liban	98	100	93	96	95	95
Arabie saoudite	96	100	86	95	94	80
Serbie	91	90	93	90	90	90
Tunisie	99	98	87	71	74	71

Source : Tiré de Mullis et coll. 2004 : 256.

considérable est néanmoins requis pour recueillir ces données dans un questionnaire. Par exemple, il vaut mieux éviter certains écueils tels que ceux rencontrés par l'évaluation nationale écossaise, où les données collectées dans les questionnaires n'étaient pas suffisamment précises pour établir des corrélations entre la performance des élèves et les pratiques scolaires (Robertson 2005).

Les résultats des enseignants à un test de performance. Les cours destinés à améliorer les compétences pédagogiques des enseignants sont plus courants que ceux destinés à améliorer leur savoir dans une matière. Ces derniers semblent toutefois plus nécessaires qu'on veuille l'admettre. Les rares évaluations nationales ayant recueilli des informations sur les connaissances des enseignants dans une matière spécifique ont identifié d'importantes carences. Suite à l'évaluation nationale de 5e année au Vietnam, au cours de laquelle les mêmes items de test ont été soumis aux enseignants et aux élèves, il a été possible de montrer la répartition des scores de compréhension de l'écrit pour les élèves (la répartition la plus uniforme de la figure 6.1) et pour les enseignants (répartition plus irrégulière sur la droite).

FIGURE 6.1

Répartition des scores en compréhension de l'écrit des élèves et des enseignants : Vietnam

Source : Banque mondiale 2004, vol. 1 : figure 2.
Remarque : la courbe la plus plate représente les scores des élèves tandis que la courbe la plus raide représente les scores des enseignants.

Les données indiquent que 12 % des élèves les plus performants ont obtenu de meilleurs résultats que 30 % des enseignants les moins performants.

Dans le cadre du système d'évaluation de l'éducation nationale du Pakistan, les items administrés aux élèves de 4e année ont été également soumis aux enseignants. Comme au Vietnam, la répartition des scores s'est chevauchée. Environ 3 % des enseignants ont obtenu un score inférieur au score moyen des élèves. Quatre-vingt-dix pour cent des enseignants ont répondu correctement à un très petit nombre d'items (A. Tayyab, communication personnelle, Oxford, Royaume-Uni, 24 juillet 2008). Si l'on examine les données des enseignants de plus près, on constate qu'ils ont obtenu de mauvais résultats pour les items de géométrie, les valeurs associées à la position des chiffres dans un nombre et les mesures. Par exemple, seuls 42 % d'entre eux ont répondu correctement à un item comparable à celui présenté dans l'encadré 6.1, qui exigeait d'associer un numéro à quatre chiffres à son équivalent écrit.

Les évaluations nationales menées en Afrique ont abouti à des constatations identiques (Duthilleul et Allen 2005). Le tableau 6.2 illustre sous forme de pourcentages la répartition des enseignants en huit niveaux de compétence pour un test de mathématiques destiné aux élèves de 6e année, dans le cadre d'une évaluation nationale au Mozambique. La description des niveaux de compétence indique les savoirs et savoir-faire acquis par les enseignants à chaque niveau et,

---

ENCADRÉ 6.1

Item d'identification de valeur associée à la position des chiffres dans un nombre : Pakistan

Laquelle de ces réponses représente 4256 ?

A) Quatre mille deux cent cinquante-six

B) Quatre mille deux cent vingt-six

C) Quatre mille deux cent cinquante

D) Quatre cent vingt-cinq mille six

Source : A. Tayyab, communication personnelle, Oxford, Royaume-Uni, 24 juillet 2008.

TABLEAU 6.2

Notation en pourcentages des enseignants à chaque niveau de compétence en mathématiques : Mozambique

Niveau	Description	Pourcentage
Niveau 1 : Pré-numératie	• Effectuer des additions ou des soustractions à une étape. Reconnaître les formes simples. • Associer les nombres et les images. • Compter en chiffres entiers.	0,0
Niveau 2 : Numératie émergente	• Effectuer des additions ou des soustractions à deux étapes avec des retenues et une vérification (par une estimation simple) ou des conversions d'images en nombres. • Estimer la longueur d'objectifs familiers. • Reconnaître des formes courantes à deux dimensions.	0,0
Niveau 3 : Numératie élémentaire	• Traduire des informations verbales présentées dans une phrase, un diagramme simple ou un tableau en utilisant une opération arithmétique en plusieurs étapes répétitives. • Traduire des informations graphiques en fractions. • Interpréter la valeur associée à la position des chiffres dans des nombres entiers jusqu'aux milliers. • Interpréter des unités de mesure simples de la vie quotidienne.	0,3
Niveau 4 : Numératie débutante	• Traduire des informations verbales ou graphiques en problèmes arithmétiques simples. • Utiliser plusieurs opérations arithmétiques différentes (dans le bon ordre) sur des nombres entiers, des fractions et des décimaux	2,9
Niveau 5 : Numératie avancée	• Traduire des informations verbales, graphiques ou tabulaires sous une forme arithmétique pour résoudre un problème donné. • Résoudre des problèmes à plusieurs opérations (en utilisant les opérations arithmétiques dans le bon ordre) impliquant des unités de mesure courantes et des nombres entiers et mixtes.	4,6

(suite)

TABLEAU 6.2 *(suite)*

Niveau	Description	Pourcentage
	• Convertir les unités de mesures basiques d'un niveau de mesure à un autre (par exemple, les mètres en centimètres).	
Niveau 6 : Compétent en mathématiques	• Résoudre des problèmes à plusieurs opérations (en utilisant les opérations arithmétiques dans le bon ordre) impliquant des fractions, des rapports et des décimaux. • Traduire des informations verbales et graphiques sous forme symbolique, algébrique et en équation afin de résoudre un problème mathématique donné. • Vérifier et évaluer ses réponses à l'aide de connaissances externes (non fournies dans l'énoncé).	16,3
Niveau 7 : Résolution de problèmes concrets	• Extraire et convertir (par exemple, des unités de mesure) des informations tirées de tableaux, diagrammes et présentations visuelles et symboliques pour identifier puis résoudre des problèmes en plusieurs étapes.	44,3
Niveau 8 : Résolution de problèmes abstraits	• Identifier la nature d'un problème mathématique non énoncé intégré dans des informations verbales ou graphiques, puis traduire ces informations sous forme symbolique, algébrique ou en équation afin de résoudre le problème.	31,7

Source : Bonnet 2007. Reproduction autorisée.

par déduction, les savoirs et savoir-faire non acquis. Par exemple, tous les enseignants ont atteint les deux premiers niveaux de compétence mais près d'un professeur sur quatre n'a pas correctement répondu aux items de résolution de problèmes (niveaux 7 et 8).

D'autres données provenant du Vietnam (figure 6.2) illustrent la corrélation entre la maîtrise d'une matière par les enseignants et la performance des élèves en mathématiques. Plus le score moyen des enseignants s'améliore (par rapport à la moyenne par province), plus la moyenne des élèves augmente (toujours par rapport à la moyenne par province) (Banque mondiale 2004). Ces constatations ont donné lieu à une recommandation visant à encourager les enseignants ayant

FIGURE 6.2

Évaluation nationale de 5ᵉ année en mathématiques au Vietnam : corrélation entre les scores moyens des élèves et des enseignants par province

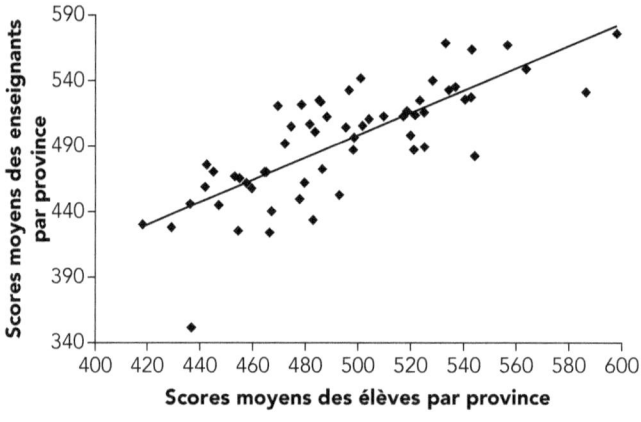

Source : Banque mondiale 2004, vol. 1 : figure 5.

des connaissances lacunaires à participer à des cours de formation continue pour les approfondir et, de ce fait, réduire le nombre d'élèves peu performants.

Exemples d'activités de renforcement du développement professionnel des enseignants suite à une évaluation nationale

Peu d'éléments probants démontrent que les responsables des politiques ou les planificateurs de l'éducation se sont basés sur les constatations d'évaluations nationales pour déterminer les sujets à traiter dans les programmes de formation des enseignants, hormis dans quelques pays d'Amérique latine (Argentine, Brésil, Chili, Cuba, République dominicaine, Équateur, Guatemala, Honduras, Uruguay et République bolivarienne du Venezuela) (Ferrer 2006). Certains pays ont mis à profit leurs résultats en les utilisant comme base pour des sessions de formation de masse des enseignants sur les chaînes de télévision nationales (Cuba), ou en faisant analyser l'évaluation nationale par des spécialistes de l'éducation, notamment des formateurs d'enseignants (République dominicaine). L'État brésilien du Minas

> **ENCADRÉ 6.2**
>
> **Utilisation des constatations de l'évaluation nationale pour améliorer la formation des enseignants : Minas Gerais, Brésil**
>
> En vue d'améliorer la formation de ses enseignants, l'État brésilien du Minas Gerais a pris les mesures suivantes sur la conception et l'utilisation des constatations de l'évaluation nationale :
>
> - L'évaluation visait à fournir des informations utiles aux institutions chargées de la formation des enseignants.
> - Les 29 institutions d'enseignement supérieur ont officiellement collaboré pour concevoir et administrer les tests, analyser les résultats et les transmettre aux écoles.
> - Ces efforts étaient dirigés par une université, avec l'appui des autres.
> - Les données ont été examinées en vue d'identifier les problèmes des élèves en compréhension de l'écrit, mis en lumière par l'évaluation.
> - Les étudiants suivant des cours de formation initiale devaient examiner les résultats de l'évaluation afin de se familiariser avec les problèmes éducatifs.
> - Les résultats ont été utilisés pour élaborer les programmes de formation des enseignants.
>
> *Source :* Ferrer 2006.

Gerais est un bon exemple de l'utilisation des données d'une évaluation pour améliorer l'instruction des enseignants (encadré 6.2). Il existe cependant peu d'informations disponibles quant aux répercussions de ces efforts sur la compétence des enseignants (Arregui et McLauchlan 2005).

En Uruguay – où les résultats des tests concernent essentiellement les établissements –, la priorité va à l'investissement dans le renforcement des connaissances des enseignants et de leurs aptitudes à enseigner, et plus particulièrement dans l'enseignement de la compréhension de l'écrit et des mathématiques dans les établissements accueillant des élèves de milieux défavorisés. Cette approche semble avoir donné des résultats très positifs, comme en témoigne l'amélioration de la performance des élèves au fil des évaluations (voir le chapitre 5).

Les principales caractéristiques de cette approche sont les suivantes (Ravela 2006) :

- Analyse de la performance des élèves par item et erreur
- Absence d'utilisation à enjeux élevés de la responsabilité
- Feed-back basé sur les résultats des tests destiné aux établissements
- Réunions de développement professionnel pour permettre aux enseignants d'échanger leurs idées
- Ciblage des écoles en fonction de la pauvreté et non des résultats.

Ce programme de formation continue à grande échelle a attiré chaque année près de 3 000 enseignants issus de 300 à 500 écoles urbaines pauvres (encadré 6.3). Il reprenait certaines caractéristiques des programmes de développement professionnel généralement reconnus comme étant susceptibles d'améliorer les savoirs et savoir-faire des enseignants, notamment en mettant l'accent sur la connaissance du contenu, les multiples opportunités d'apprentissage actif, la cohérence avec d'autres activités, la participation collective des enseignants issus d'une même école et sur une durée suffisamment longue pour voir un impact (voir Garet et coll. 2001).

Des problèmes de communication et de politique peuvent entraver les efforts en vue d'améliorer la formation des enseignants, comme ce fut le cas en Argentine, où un manque de communication a été rapporté entre les agences responsables de la formation et de l'évaluation des enseignants (Ferrer 2006). Au Chili, les problèmes provenaient du fait que les institutions de formation des enseignants présentaient souvent une opposition idéologique à l'évaluation nationale (*Sistema de Medición de la Calidad de la Educación*, ou SIMCE) (Meckes et Carrasco 2006).

Des cours et des programmes de formation continue sont fréquemment dispensés aux directeurs d'établissement, dont le rôle crucial dans la vie de l'école est reconnu. Par exemple, en Uruguay, outre les enseignants et les superviseurs, les directeurs d'établissement ont également bénéficié d'ateliers de formation à la suite d'une évaluation nationale conduite spécifiquement pour aborder leurs problématiques (Benveniste 2002). La formation continue des directeurs d'établissement pourrait selon toute attente couvrir un grand éventail de sujets destinés à transmettre des connaissances et développer des

> **ENCADRÉ 6.3**
>
> **Principales caractéristiques d'un programme de formation continue des enseignants basé sur les résultats de l'évaluation nationale : Uruguay**
>
> En Uruguay, un programme de formation continue à grande échelle présentait les caractéristiques suivantes :
>
> - Les cours avaient lieu le samedi.
> - La participation des enseignants était rémunérée (environ 25 % du salaire initial d'un enseignant).
> - La participation était volontaire.
> - La participation était liée à l'établissement : les enseignants étaient admis au programme à condition que la moitié au moins des enseignants de l'établissement (dont le directeur) accepte d'y participer.
> - Les sessions de formation se déroulaient en groupes de 60 enseignants environ. Des équipes issues de 5 à 10 écoles se sont formées pour partager leurs expériences au sein des établissements et entre eux.
> - Les programmes étaient axés sur les établissements des milieux défavorisés, sans tenir compte de la performance des élèves afin que les enseignants des établissements performants et moins performants puissent partager leurs expériences.
> - Les sessions étaient dirigées par un groupe de superviseurs et d'enseignants issus d'institutions de formation des enseignants, sélectionnés et formés spécialement à cette fin.
> - Le programme se concentrait sur l'enseignement de diverses approches des mathématiques, de la langue et des sciences naturelles et sociales.
>
> *Source :* Ravela 2005.

compétences susceptibles de contribuer à la création d'un environnement propice à l'apprentissage des élèves. Les questionnaires administrés dans une évaluation nationale peuvent contribuer à enrichir le contenu de ce type de formation continue en incitant les autorités éducatives à organiser des cours pour répondre à un ou plusieurs des besoins suivants (Murphy, Yff et Shipman 2000) :

- Les savoir-faire des directeurs d'établissement en gestion des ressources scolaires afin de garantir un environnement pédagogique sûr, efficace et efficient.

- Leur capacité de leadership pour maintenir durablement une culture scolaire et un programme pédagogique qui soutiennent l'apprentissage des élèves
- Leur capacité à aider les enseignants à développer leurs savoirs et leur savoir-faire
- Leur capacité à analyser et à résoudre les problèmes de discipline, d'absentéisme et à soutenir le moral du personnel
- Leur capacité à développer des stratégies pour encourager les familles et les communautés à collaborer aux activités de l'établissement (en particulier si les communautés ont une vision négative de l'école)
- Leur capacité à comprendre et répondre au contexte politique, social, économique, juridique et culturel plus général, et à l'influencer.

LA FOCALISATION SUR LES ÉCOLES ET L'ENSEIGNEMENT EN CLASSE

Veiller à ce que les constatations d'une évaluation nationale influencent la pratique des enseignants en classe et améliorent par là même l'apprentissage des élèves est un défi complexe. On ne sait pas toujours quelles stratégies sont les plus efficaces, car elles varient probablement d'un système éducatif à l'autre et d'un établissement à l'autre.

Cette section analyse la situation dans laquelle, après publication des constatations d'une évaluation nationale, chaque établissement se trouve seul à interpréter la pertinence des conclusions et élaborer des stratégies pour lutter contre les problèmes identifiés. Cette section décrit trois étapes essentielles pour une utilisation efficace des constatations d'une évaluation nationale : (a) la communication des constatations aux enseignants, (b) l'interprétation des résultats par les enseignants et l'évaluation de leur pertinence pour leur établissement, et (c) l'intégration des conclusions à des stratégies visant à améliorer l'apprentissage des élèves. Une fois ces étapes prises en considération, il convient d'identifier les décisions à prendre pour planifier une intervention.

La communication des constatations

À l'issue d'une évaluation nationale basée sur un échantillon, plusieurs approches peuvent être adoptées pour communiquer les constatations aux enseignants à tous les niveaux du système éducatif : supports imprimés et rapports ; séminaires et ateliers ; et visites d'inspecteurs, de superviseurs et de conseillers. Dans certains pays, les enseignants ont accès aux rapports de l'évaluation nationale sur Internet.

Un rapport peut contenir des commentaires de nature générale ou des informations détaillées basées sur l'analyse de la performance des élèves. L'Ouganda, dont les résultats de l'évaluation nationale se sont limités à l'envoi aux enseignants de toutes les écoles de posters contenant des commentaires généraux à afficher dans les salles de classe, illustre cette première approche (encadré 6.4). D'autres pays

---

ENCADRÉ 6.4

Extrait d'un poster publié à la suite d'une évaluation nationale : Ouganda

En Ouganda, un poster contenant le texte suivant a été distribué aux enseignants pour affichage dans leur salle de classe :

Nous sommes capables de réaliser les tâches suivantes :

- Écouter les instructions en anglais et donner une réponse adaptée
- Lire un texte bref en anglais
- Ajouter, soustraire et multiplier des nombres
- Écrire quelques mots et phrases en anglais,
- Aidez-nous à apprendre pour :
- Élargir notre vocabulaire
- Lire rapidement et facilement
- Avoir une écriture claire et nette
- Effectuer correctement des divisions
- Appliquer les connaissances acquises dans des situations nouvelles au quotidien

Source : Conseil national des examens de l'Ouganda, n.d.

diffusent des rapports plus détaillés (principalement aux enseignants) qui décrivent les performances par domaines du programme de cours dans lesquels les élèves ont montré des forces ou des faiblesses particulières. L'intégration de suggestions pratiques pour aider les écoles et les enseignants à améliorer la performance des élèves permettra sans aucun doute d'accroître encore davantage la valeur de ces rapports.

Un rapport distribué aux enseignants de Colombie-Britannique, Canada, fournit un exemple de description détaillée de la performance des élèves au cours d'une évaluation. Ce rapport contenait une série de tableaux indiquant le pourcentage d'élèves du district ayant répondu correctement à chaque item du test, et le pourcentage d'élèves ayant sélectionné des réponses erronées. Le rapport interprétait également les procédures suivies par les élèves lorsqu'ils choisissaient des réponses incorrectes. Le tableau 6.3 propose un exemple de test de mathématiques (schémas et relations).

TABLEAU 6.3
Pourcentage d'élèves ayant répondu correctement aux items dans une évaluation de mathématiques : Colombie-Britannique, Canada

Numéro de l'item	Pourcentage de réponses correctes	Description de l'item	Commentaires sur les réponses incorrectes
2	53	Un problème textuel impliquant une division et le calcul d'un reste (diviser un nombre d'objets en ensembles de taille donnée et trouver le nombre d'objets restants)	Plus d'un quart des élèves (28 %) ont effectué une soustraction au lieu d'une division ; 13 % ont effectué une division correcte mais trouvé un reste incorrect.
21	55	Un problème textuel impliquant des multiplications, soustractions et divisions (trouver la quantité maximale d'un article à acheter avec la monnaie rendue sur un achat précédent)	Erreurs les plus courantes : calculs erronés (19 %), ignorer une partie des informations (10 %) et utiliser seulement une partie des informations dans les calculs (10 %).

Source : Extrait du ministère de l'Éducation de Colombie-Britannique 1999.

ENCADRÉ 6.5

Item de mathématiques

$5^2 - 3(4 - 1) =$

A) −4   (13 %)

B) 10   (22 %)

C) 14   (27 %)

D) 16   (38 %)

Dans la même optique, l'encadré 6.5 donne un exemple d'item utilisable dans une discussion de groupe pour aider les enseignants à identifier les erreurs les plus courantes des élèves dans un item de calcul élémentaire impliquant plus d'une étape et un nombre au carré.

Les chiffres entre parenthèses représentent le pourcentage d'élèves qui ont sélectionné l'option. Une discussion entre les enseignants devrait aboutir aux conclusions suivantes :

- La majorité des élèves ont choisi une mauvaise réponse et n'ont pas sélectionné l'option D.
- Ceux qui ont sélectionné l'option A pourraient ne pas connaître la signification de l'exposant 2.
- Ceux qui ont sélectionné l'option B ont peut-être modifié le signe à l'intérieur des parenthèses en raison de la présence du signe moins en dehors des parenthèses.
- Ceux qui ont sélectionné l'option C ont peut-être multiplié 3 par 4 puis soustrait 1, au lieu de soustraire d'abord 1 de 4.

Bien que les rapports diffusés auprès des établissements fournissent potentiellement des informations utiles aux enseignants, il est peu probable que la simple distribution de matériels aux établissements suffise, pour les raisons suivantes :

- Il est possible que les enseignants, surchargés de multiples documents sur les programmes de cours, ne considèrent pas les rapports de l'évaluation nationale comme une priorité. Une étude menée dans une ville de Nouvelle-Zélande a révélé que les enseignants ignoraient largement l'existence des rapports de l'évaluation nationale ou leur utilité pour l'amélioration de la qualité de leur travail. Des exemplaires des rapports avaient été livrés aux établissements, mais très peu d'enseignants étaient conscients de leur existence ou les avaient lus (Lovett 1999).

- Les rapports, y compris ceux préparés spécifiquement pour les établissements et les enseignants, ne sont pas toujours faciles à lire (Arregui et McLauchlan 2005 ; OCDE 2004).
- Les enseignants peuvent avoir besoin d'aide pour comprendre un projet de réforme et ses répercussions sur leurs conditions de travail.
- Les enseignants auront probablement besoin d'assistance s'ils doivent modifier leurs méthodes pédagogiques afin d'atteindre les objectifs fixés par une réforme (par exemple, passer des activités de mémorisation et de récitation en groupe aux procédures qui stimuleront la mobilisation des élèves et une participation plus active à l'apprentissage) (Chapman et Snyder 2000 ; Grant, Peterson, et Shojgreen-Downer 1996 ; Ravela 2005 ; Snyder et coll. 1997).

L'interprétation des constatations et l'évaluation de leur pertinence

Avec ou sans évaluation nationale, les établissements – notamment ceux qui accueillent des élèves de milieux défavorisés – savent généralement si une part importante de leurs élèves rencontre des difficultés d'apprentissage. Dans ce cas, les constatations d'une évaluation nationale ne seront rien de plus qu'une incitation à la réflexion et l'action. Ces constatations, hormis le fait de renforcer la perception des enseignants (par exemple, si des catégories particulières d'établissement sont considérées problématiques), peuvent fournir des indications sur la nature des difficultés rencontrées par les élèves et les facteurs qui entravent ou favorisent l'apprentissage. Quoi qu'il en soit, les établissements doivent impérativement prendre conscience des véritables conditions dans lesquelles ils fonctionnent, lesquelles peuvent varier considérablement d'un endroit à l'autre.

À cet égard, plusieurs facteurs méritent d'être examinés. Le niveau de performance des élèves varie selon chaque établissement, de même que les causes des faibles performances. Les enseignants ne maîtrisent pas tous les contenus enseignés de la même manière et ont des savoir-faire pédagogiques et des attitudes variables selon les établissements. Ces derniers diffèrent également au niveau des ressources disponibles, et de la manière dont ils les utilisent, au niveau de leurs contraintes de fonctionnement (par exemple, de gros effectifs de classe) et de leur capacité à changer. Les établissements scolaires fonctionnent dans des environnements économiques et sociaux divers, leurs élèves peuvent avoir des degrés de motivation variables lorsqu'ils arrivent à l'école, et l'appui des familles et des communautés peut changer d'un établissement à l'autre. Les enseignants doivent donc réfléchir à ces questions et juger de la pertinence des constatations de l'évaluation en fonction de leur propre situation. Ils doivent notamment identifier les savoirs ou les savoir-faire les plus nécessaires au niveau pédagogique, et le type de changement qui pourrait être le plus efficace dans leur cas.

Dans la mesure où une évaluation basée sur un échantillon ne fournit pas d'information sur les standards de performance au niveau de chaque école, les établissements doivent trouver un moyen de comparer la performance de leurs élèves et celle des autres écoles afin que les constatations de l'évaluation nationale puissent être d'une quelconque utilité. L'Uruguay a résolu ce problème en mettant l'instrument d'évaluation à disposition des établissements qui n'ont pas participé à l'évaluation nationale. Cette approche permet certes à toutes les écoles de comparer leurs propres performances aux normes nationales, mais elle a le tort de compromettre le suivi des performances dans le système éducatif sur le long terme puisqu'il sera probablement impossible de réutiliser des items mis à disposition en si grand nombre. Une autre approche consiste à développer et fournir à tous les établissements une série de tests de performance standard que les enseignants pourraient administrer à leurs propres élèves afin de comparer leur niveau aux normes nationales définies par les tests. L'utilité de ces tests standard serait d'autant plus grande s'ils fournissaient des informations diagnostiques sur la performance des élèves, lesquelles permettraient de concevoir des mesures correctives.

L'application des constatations

Une fois que la pertinence des constatations de l'évaluation nationale sera établie pour un établissement, ce dernier doit examiner en détail la performance de ses élèves (identifier les lacunes et les faiblesses dans l'apprentissage) et les circonstances qui favorisent cette situation. Il doit ensuite élaborer des stratégies pour résoudre les problèmes identifiés. Bon nombre d'enseignants trouveront cette tâche particulièrement difficile et auront besoin d'un appui important. Ce soutien pourra être apporté sous la forme de directives et d'exemples de bonnes pratiques fournis par le ministère de l'Éducation, d'ateliers destinés aux directeurs d'établissement et aux spécialistes des matières enseignées, ou d'un soutien apporté sur place par des inspecteurs ou des superviseurs. Toutes ces pratiques peuvent faire l'objet de délibérations au cours des réunions du personnel éducatif.

Les enseignants peuvent nécessiter une assistance particulière pour (a) identifier les aspects de leurs pratiques à modifier, (b) décrire les pratiques souhaitées, (c) décrire les différences entre les pratiques existantes et souhaitées, et (d) identifier les étapes qui permettront d'évoluer vers les pratiques souhaitées. Ce parcours par étapes constituera un processus progressif au cours duquel on peut espérer que les enseignants s'adapteront et se tourneront vers des pratiques nouvelles, plus susceptibles d'avoir un impact positif sur l'apprentissage des élèves.

Certains rapports d'évaluation nationale contiennent des recommandations pour des actions futures (voir l'encadré 6.6). Celles-ci sont spécifiques à chaque pays et à chaque programme de cours, et peuvent ne pas être pertinentes dans d'autres contextes. Toutefois, il est important de retenir qu'une évaluation nationale avec recommandations peut servir de moteur ou de référence pour orienter les discussions entre les différents personnels, à mesure que le directeur d'établissement et les autres enseignants réévaluent les pratiques de leur école et leur conformité (ou non-conformité) avec les pratiques recommandées dans le rapport d'évaluation nationale.

Dans la plupart des cas, un rapport d'évaluation nationale ne fournira pas de recommandations particulières. Les enseignants devront alors s'en remettre à leurs propres ressources pour élaborer des

> **ENCADRÉ 6.6**

Recommandations à l'issue d'une évaluation nationale en mathématiques, 5ᵉ année : Irlande

Les recommandations suivantes sont tirées d'un guide publié par le Département irlandais de l'Éducation et de la science en réponse à une évaluation nationale :

- Les enseignants doivent soutenir le développement des élèves dans le domaine de contenu « Formes et espace » en leur assignant des tâches qui les incitent à raisonner sur les formes et l'espace.

- Les enseignants doivent élargir les travaux liés à la collecte et l'analyse de données ainsi que la construction et l'interprétation de graphiques à des matières telles que la géographie et la science. Ils doivent trouver également des occasions d'appliquer les savoirs relatifs aux domaines « Nombres », « Mesures » et « Formes et espace » dans d'autres matières et dans des contextes de la vie réelle.

- Les enseignants doivent accorder une plus grande importance au domaine de contenu « Mesures » en fournissant aux élèves l'occasion d'appliquer à des problèmes inhabituels les savoirs et savoir-faire acquis dans des activités pratiques.

- Les enseignants doivent accorder plus d'importance à l'enseignement d'aptitudes mathématiques de niveau supérieur, dont la « Mise en application » et la « Résolution de problèmes ».

- Les établissements et les enseignants doivent aider les parents à développer les compétences de leurs enfants en mathématiques en fournissant des informations sur les modifications du programme de cours et des méthodes d'enseignement, des conseils sur des activités liées aux mathématiques à pratiquer à la maison et des directives sur l'utilisation des devoirs (y compris le temps à leur consacrer) afin de soutenir l'apprentissage.

- Les établissements et les enseignants doivent développer l'usage des calculatrices et des technologies de l'information et de la communication dans l'enseignement des mathématiques. Celles-ci doivent être utilisées non seulement pour développer des savoir-faire tels que le calcul de base, mais aussi pour renforcer les savoir-faire en raisonnement mathématique et résolution de problèmes.

Source : Adapté de Surgenor et coll. 2006 ; disponible également sur http://www.erc.ie.

stratégies visant à rectifier les faiblesses de performance des élèves identifiées par l'évaluation. En Ouganda, suite à une analyse des constatations de l'évaluation (par exemple, la faible performance en lecture de textes continus, en écriture et en géométrie), un groupe de directeurs d'établissements a identifié des méthodes spécifiques qui, selon eux, pouvaient améliorer l'environnement d'apprentissage dans leurs écoles. Il s'agissait notamment d'adapter la cadence de l'enseignement aux progrès (ou absence de progrès) des élèves, de vérifier les schémas de travail et des plans de cours des enseignants, d'impliquer les élèves dans l'élaboration des ressources pédagogiques et d'organiser des concours entre les élèves sur des tâches de lecture et de numératie (Acana 2008).

L'étude des conclusions de recherches éducatives peut éclairer les discussions des enseignants au cours des réunions du personnel et autres forums sur les moyens de résoudre les problèmes identifiés dans une évaluation nationale. Étant donné que les enseignants ne sont probablement pas informés des résultats des recherches, les pages suivantes résument les principales conclusions aptes à éclairer leurs délibérations. Les points importants à aborder dans ces délibérations sont : (a) les travaux de recherche sur l'efficacité de l'école (encadré 6.7), (b) les travaux de recherche sur l'efficacité des enseignants (encadré 6.8) et (c) les travaux de recherche sur les relations entre l'apprentissage des élèves et les facteurs personnels et familiaux (encadré 6.9).

Les enseignants doivent garder à l'esprit un certain nombre de facteurs lorsqu'ils examinent ces recherches. Premièrement, la plupart des constatations se basent sur les résultats d'études menées dans des pays industrialisés. Le plus petit nombre d'études réalisées dans des pays en développement reflète en grande partie ces résultats, excepté une plus forte corrélation entre la performance des élèves et la qualité de l'enseignant ainsi que la disponibilité des ressources (par exemple, des manuels scolaires) (Reynolds 2000). Deuxièmement, les enseignants peuvent être plus performants dans certaines matières du programme de cours. Par exemple, le savoir-faire requis pour enseigner l'art ou les sciences en laboratoire n'est pas toujours le même que pour l'enseignement des langues et des mathématiques (domaines du programme de cours sur lesquelles portent la plupart

ENCADRÉ 6.7

Sujets de discussion : résultats de l'évaluation nationale et variables de l'efficacité des établissements

Au cours de leurs discussions, les écoles doivent tenir compte des facteurs suivants qui, selon les recherches menées, semblent associés à l'efficacité scolaire :

- Environnement scolaire bien organisé
- Grande qualité de leadership pédagogique du directeur d'établissement
- « Culture » ou « climat » positifs de l'école (objectifs communs, axés sur l'apprentissage des élèves)
- Attentes élevées en matière de performance et de comportement des élèves
- Environnement disciplinaire ferme
- Bon moral du personnel
- Possibilités de développement professionnel pour le personnel
- Implication des parents d'élèves
- Coordination et cohérence de l'enseignement à tous les niveaux scolaires.

Sources : Lockheed et Verspoor 1991 ; Reynolds et Teddlie 2000.

ENCADRÉ 6.8

Sujets de discussion : résultats de l'évaluation nationale et variables de l'efficacité des enseignants

Au cours de leurs discussions, les établissements doivent tenir compte des facteurs suivants qui, selon les recherches menées, semblent associés à l'efficacité des enseignants :

- Connaissance de la matière enseignée
- Gestion et organisation des salles de classe (par exemple, pour garantir un minimum de perturbations)
- Pratiques pédagogiques (enseignement clairement ciblé, rythme d'enseignement adapté au niveau des élèves, occasions données aux élèves de mettre en pratique et en application les connaissances acquises, couverture adaptée du programme de cours et possibilités d'apprentissage pour les élèves)

(suite)

ENCADRÉ 6.8 (suite)

- Capacité à enseigner des aptitudes à une réflexion de plus haut niveau
- Individualisation de l'enseignement
- Apprentissage collaboratif facilitant le travail des élèves en groupes
- Attentes élevées au niveau des performances et du comportement, communiquées aux élèves
- Disponibilité et adéquation des ressources (manuels et autres matériels pédagogiques)
- Suivi et évaluation des progrès des élèves (recours régulier à un renforcement ciblé ; questions pertinentes à un niveau de difficulté adapté, incitant les élèves à réfléchir, organiser et appliquer leurs savoirs au lieu d'une simple mémorisation des informations)
- Fréquence et suivi des devoirs
- Assiduité
- Temps consacré à la préparation des cours
- Croyances, perceptions et hypothèses (y compris les attentes au niveau de la performance des élèves).

Sources : Brophy et Good 1986 ; Fuller 1987 ; Teddlie et Reynolds 2000 ; Wang, Haertel, et Walberg 1993 ; Wenglinsky 2002.

ENCADRÉ 6.9

Sujets de discussion : résultats de l'évaluation nationale et facteurs individuels et familiaux associés à l'apprentissage des élèves

Les recherches indiquent que les caractéristiques suivantes ont un impact significatif sur la performance des élèves :

- Caractéristiques des élèves (motivation, implication dans l'apprentissage, état nutritionnel et état de santé)
- Assiduité
- Niveau d'instruction ou de revenu des parents
- Soutien familial (attentes élevées au niveau des performances scolaires, participation aux travaux scolaires, aide aux devoirs, lecture faite aux enfants ou enfants faisant la lecture à des membres de leur famille, et contact avec l'enseignant de son enfant)
- Exigences extra-scolaires subies par les élèves (travail ou garde d'enfants).

des études sur l'efficacité des établissements). Troisièmement, il est possible que les enseignants soient plus efficaces auprès de certaines catégories d'élèves (Campbell et coll. 2004).

L'efficacité de l'établissement. Les facteurs généralement associés à l'efficacité de l'école (encadré 6.7) mettent en lumière l'importance du rôle du directeur de l'établissement, mais aussi de l'instauration d'une culture scolaire axée sur l'apprentissage des élèves. Les conditions annexes telles que la discipline scolaire et le moral sont également prises en compte. Les discussions du personnel doivent se focaliser sur le lien entre les constatations de l'évaluation nationale et les facteurs d'efficacité qui correspondent le mieux à la situation de l'établissement.

L'efficacité des enseignants. Les données empiriques disponibles depuis plus d'un siècle sur le rôle essentiel du contexte familial dans la capacité d'apprentissage des élèves ont parfois conduit des commentateurs à sous-estimer l'importance des caractéristiques de l'établissement et, en particulier, des pratiques des enseignants en classe. Cette vision est toutefois remise en cause par une recherche récente basée sur des données collectées par l'Évaluation nationale des progrès de l'éducation aux États-Unis (NAEP), qui recourait à une analyse statistique sophistiquée. Les conclusions de cette recherche indiquent que les pratiques en classe (par exemple, l'importance accordée à l'enseignement de capacités de réflexion de plus haut niveau, l'application de techniques de résolution de problèmes à des problèmes uniques, et l'individualisation de l'enseignement) avaient une influence au moins aussi importante que le contexte familial de l'élève sur les résultats de mathématiques en 8e année (Wenglinsky 2002).

Selon cette recherche, les facteurs associés à l'efficacité des enseignants en salle de classe (encadré 6.8) concernent leurs savoirs dans la matière enseignée et leur savoir-faire pédagogique. Les conditions pédagogiques les plus importantes comprennent la possibilité d'apprendre, le temps consacré aux tâches, un enseignement structuré, l'évaluation des élèves et le feed-back, la disponibilité de ressources adaptées, et la résolution de problèmes par différents cheminements afin de tenir compte des disparités des savoirs et expériences des élèves d'une même classe (Scheerens 1998 ; Wenglinsky 2002).

L'attente de performances élevées de la part des élèves en classe renforce la nécessité d'imposer des exigences élevées au niveau de l'école (encadré 6.7). La relation entre l'efficacité de l'établissement et celle des enseignants s'exprime également dans le besoin de coordonner l'enseignement entre les différents niveaux. Par conséquent, lors des discussions relatives à une évaluation nationale, l'équipe pédagogique doit tenir compte des implications des résultats pour tous les niveaux, et en particulier pour les niveaux inférieurs à celui qui a été évalué.

Dans l'idéal, le mécanisme adopté pour changer les pratiques des enseignants comprendra un examen et une interprétation par l'équipe pédagogique des données de performance des élèves en vue d'élaborer des stratégies d'enseignement destinées à améliorer la performance. L'appui apporté par les inspecteurs, les superviseurs ou les conseillers sera déterminant pour le soutien aux enseignants dans leurs efforts en vue d'appliquer en classe ce qu'ils ont appris. Les changements se produiront et se pérenniseront dans les classes si les conditions suivantes sont réunies (Elmore et Burney 1999 ; Fullan 2001 ; Reezigt et Creemers 2005) :

- La nature des problèmes (par exemple, une faible performance dans la division des nombres décimaux) est clarifiée, ainsi que leurs causes.
- Les besoins d'amélioration sont identifiés et des objectifs spécifiques sont fixés (par exemple, la performance dans certains domaines, attitudes, rôle des élèves dans le processus d'apprentissage, assiduité en classe).
- Un plan (avec des étapes spécifiques) décrivant les domaines d'enseignement prioritaire est mis au point pour combler les lacunes identifiées.
- Les performances attendues des élèves sont précisées.
- Des stratégies sont élaborées sur la base des écarts identifiés entre les pratiques actuelles et souhaitées.
- Les progrès des élèves font l'objet d'un suivi régulier.
- L'accent est mis sur l'application concrète d'idées générales.
- Les enseignants doivent être concrètement exposés aux pratiques souhaitées et non recevoir des descriptions de ces pratiques.

- Les enseignants ont l'occasion de dialoguer entre eux et avec les inspecteurs ou les superviseurs dans le cadre d'une culture professionnelle collaborative.
- Les progrès de la mise en œuvre du plan sont évalués et analysés (par exemple, pour déterminer si les objectifs ont été atteints).

Il convient de tenir compte des aspects moins tangibles de certains éléments visant à évaluer l'efficacité des enseignants dans l'encadré 6.8. Si, comme nous l'avons affirmé, les convictions qui sous-tendent la valeur et les objectifs d'un programme de cours, et les attentes et aspirations des enseignants pour leurs élèves sont plus importantes que la modification de certains aspects d'un programme de cours ou des stratégies d'enseignement (Anderson 2002 ; Robertson 2005), les stratégies destinées à améliorer l'apprentissage des élèves devront s'adapter à un éventail de circonstances plus large que celui pratiqué normalement.

Les facteurs relatifs à l'élève, à la famille et à la communauté. Lors des discussions sur les constatations d'une évaluation nationale, les directeurs d'établissement et les enseignants doivent tenir compte des recherches sur les facteurs individuels, familiaux et communautaires qui influencent l'apprentissage des élèves (voir l'encadré 6.9). Si des problèmes liés à ces facteurs sont identifiés, des procédures destinées à avoir un impact indirect sur le développement cognitif des élèves doivent être envisagées dans d'autres domaines que celui de l'école et de la classe. Au niveau de l'élève, on peut citer la fourniture de repas scolaires ou de compléments alimentaires pour pallier les carences nutritionnelles. Toutefois, de telles mesures nécessitent des prises de décisions à un plus haut niveau ou l'implication des parents, car l'établissement n'est probablement pas en mesure d'en assumer seul les frais. Un établissement n'est pas non plus en mesure d'influencer le niveau d'instruction formelle des parents, mais il peut conseiller ces derniers sur les caractéristiques d'un environnement familial propice à l'apprentissage. Par exemple, les constatations de l'évaluation nationale menée au Vietnam (voir le chapitre 2) ont donné lieu à une recommandation sur la nécessité pour les parents de comprendre l'utilité d'aménager un espace de travail au domicile pour leurs enfants, et de réduire au maximum les absences de l'école (Banque mondiale, 2004).

Lors de l'examen des constatations d'une évaluation nationale, l'équipe pédagogique peut réfléchir au moyen de renforcer le lien entre la vie scolaire et la vie familiale des élèves. Dans de nombreux pays, les établissements entretiennent des liens formels avec les familles, fussent-ils de façade. Ces liens doivent être ravivés et consolidés pour permettre d'accroître la participation des familles à des activités qui encouragent et favorisent l'apprentissage des élèves. Un vaste éventail de stratégies sont disponibles à cette fin : (a) impliquer les parents dans la gouvernance et des activités de plaidoyer au nom de l'école (par exemple, au sein d'une association parents-enseignants ou du conseil d'administration de l'école) ; (b) solliciter l'aide des parents pour les activités non didactiques menées à l'école ; (c) organiser des ateliers et des conférences pour discuter des politiques scolaires ou des conditions de vie qui favorisent l'apprentissage ; et (d) utiliser des programmes impliquant les parents (ou d'autres adultes) dans les activités d'apprentissage à domicile, y compris celles qui visent à développer les savoir-faire dans la résolution de problèmes, la réflexion critique, la conversation et la supervision des devoirs (Kellaghan et coll. 1993).

Des facteurs contextuels plus généraux, tels que les conditions socioéconomiques de la communauté de l'établissement, peuvent également influencer l'apprentissage des élèves. Mais les établissements scolaires sont loin de pouvoir maîtriser ce type de facteurs. Il n'en reste pas moins que le travail mené par l'établissement doit bénéficier de l'appui de personnalités administratives et politiques locales, y compris dans les communautés économiquement défavorisées. Les communautés peuvent participer à l'entretien des locaux scolaires ou fournir des ressources. Il est particulièrement important de faire comprendre à la communauté que les établissements sont une source de développement et de progrès pour les enfants ; et les établissements doivent refléter clairement cette conviction dans leurs activités.

La planification d'une intervention

Une fois que le directeur d'établissement et les enseignants se sont mis d'accord sur une série de mesures à la suite d'une discussion sur les constatations d'une évaluation nationale, ils doivent élaborer un plan pour mettre en œuvre un certain nombre de stratégies axées sur l'amélioration de l'apprentissage. Ce plan devra préciser le rôle des personnes impliquées, et être revu régulièrement pour effectuer un suivi de sa mise en œuvre. Par exemple, ce plan pourra préciser que l'enseignant disposant de la plus grande expertise dans l'enseignement de l'écriture devra partager ses idées avec ses collègues lors des réunions de l'équipe pédagogique. Ce plan doit être réaliste et tenir compte de la taille de l'établissement, de la disponibilité des ressources, des aptitudes de chaque enseignant et de la probabilité de bénéficier de l'appui des autorités éducatives et des membres de la communauté locale. Dans l'idéal, ce plan doit préciser les informations suivantes (Reezigt et Creemers 2005) :

- Temps consacré aux activités
- Priorité et ordre des activités
- Stratégie (par exemple : ateliers, coaching)
- Participation d'agents externes, leurs rôles et leurs tâches, le cas échéant
- Membres de l'équipe pédagogique impliqués et leurs tâches
- Rôle et pouvoir des membres de l'équipe pédagogique qui participent activement (pour éviter les malentendus ultérieurs)
- Rôle envisagé pour les élèves, les parents et la communauté.

CONCLUSION

Le nombre et la complexité des facteurs ayant un impact sur la performance des élèves – illustrés dans un graphique réalisé par le Conseil national des examens de l'Ouganda après une série d'évaluations nationales (voir la figure 6.3) – mettent en lumière les défis que doivent relever les établissements et les enseignants. De toute évidence, les cours de développement professionnel contribueront à combler les lacunes identifiées chez les enseignants, tant dans leurs savoirs par rapport à leur matière que dans leur savoir-faire pédagogique. Cependant, d'autres initiatives seront peut-être requises dans les établissements si ces derniers veulent tenir compte des constatations d'une évaluation nationale et agir en conséquence. Dans le cas

FIGURE 6.3

Facteurs déterminants pour la performance des élèves : Ouganda

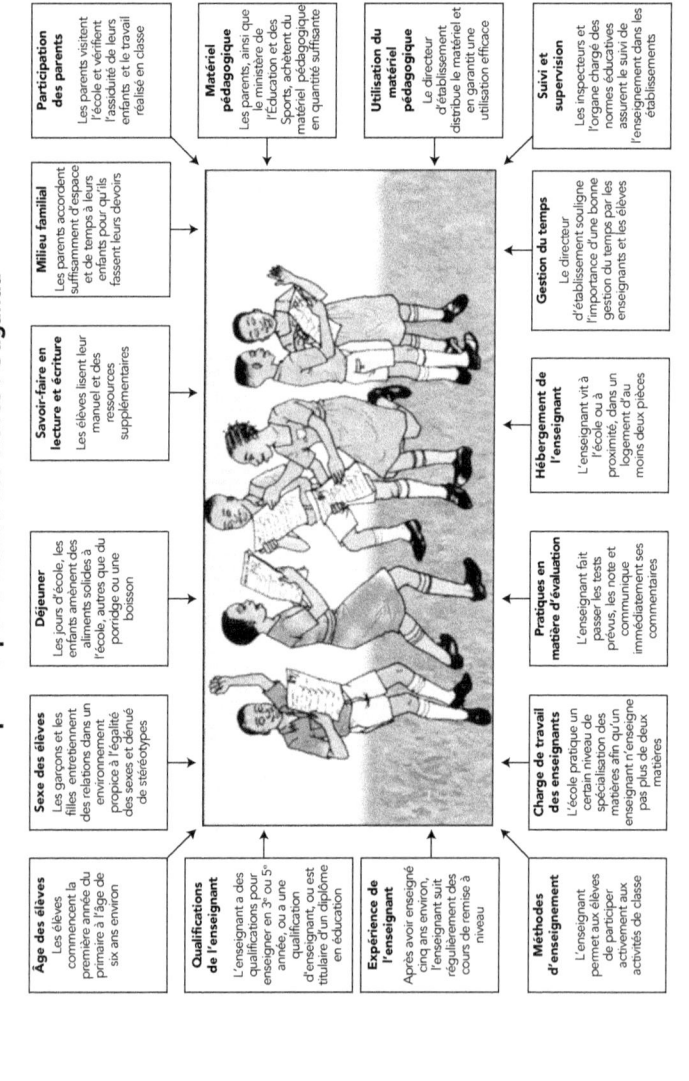

Source : Acana 2006. Reproduction autorisée

des évaluations basées sur un échantillon, la première difficulté consistera à déterminer la pertinence des constatations de l'évaluation pour chaque établissement. Si ces conclusions sont jugées pertinentes, ou si l'établissement a été identifié dans une évaluation basée sur un recensement, il doit se charger d'élaborer des stratégies visant à améliorer la performance des élèves – une tâche menée le plus souvent avec des ressources limitées. Ce chapitre a traité des implications des constatations d'une évaluation nationale pour l'enseignement. Si une évaluation nationale n'identifie pas de mesures spécifiques à prendre, l'établissement doit développer ses propres stratégies en s'inspirant des données probantes issues des recherches sur l'efficacité des écoles, l'efficacité des enseignants et le rôle des familles et des communautés dans le soutien à l'apprentissage des élèves.

Certaines constatations d'une évaluation nationale peuvent mettre en relief des changements d'approche qui relèvent de la responsabilité des établissements et des enseignants (par exemple, consacrer plus de temps à des matières particulières du programme de cours, prêter une plus grande attention à l'analyse des devoirs des élèves et insister sur la fourniture d'un feed-back). D'autres changements relèvent de la responsabilité des parents (par exemple, encourager une meilleure assiduité à l'école ou veiller à ce que tous les devoirs soient faits). Il est possible que les fonctionnaires du ministère de l'Éducation soient tenus de fournir des ressources en personnel et des aides financières : (a) pour déterminer les implications des constatations d'une évaluation sur la préparation des enseignants et leurs pratiques en classe, (b) pour communiquer les conclusions des évaluations aux écoles, (c) pour aider les écoles à interpréter les constatations et leur pertinence, (d) pour aider les établissements à élaborer des stratégies pour améliorer la faible performance d'élèves et (e) pour garantir un soutien continu aux établissements pendant la mise en œuvre des stratégies.

La synthèse des activités présentée ci-dessous, si elles sont mises en œuvre, doit permettre d'accentuer l'impact des évaluations nationales sur la formation des enseignants et les pratiques en classe :

- Associer les formateurs des enseignants à la conception et la mise en œuvre de l'évaluation nationale.

- Collecter des informations pertinentes sur les pratiques en classe dans les questionnaires administrés.
- Identifier et compiler dans un rapport les implications des constatations de l'évaluation nationale pour la formation initiale et continue des enseignants.
- Encourager les formateurs des enseignants et les futurs enseignants à utiliser les résultats.
- Préparer des rapports non techniques et faciles à lire des résultats de l'évaluation à l'attention des enseignants.
- Encourager les écoles à prendre connaissance de l'évaluation nationale et à en considérer les implications.
- Conseiller aux enseignants de tenir compte des facteurs scolaires et non scolaires déterminants pour la performance des élèves.
- Encourager les écoles à stimuler la participation des parents à l'éducation de leurs enfants.
- Encourager les établissements et les enseignants à mettre en place un nombre restreint de changements réalisables dans l'organisation de l'école et dans leur approche de l'enseignement.
- Suivre et évaluer les conséquences des changements effectués.

CHAPITRE 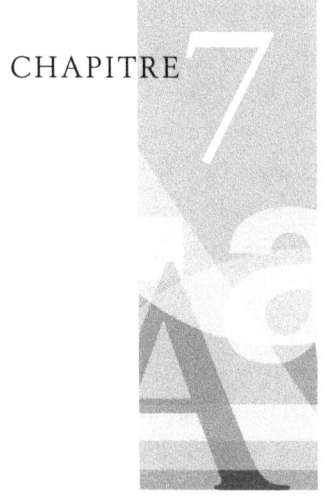 CONSTATATIONS DES ÉVALUATIONS NATIONALES ET SENSIBILISATION DU PUBLIC

La description de la performance du système éducatif peut contribuer à attirer l'attention du public et stimuler le débat national sur les problèmes de l'éducation. Par exemple, le public serait incontestablement choqué d'apprendre que la performance d'une grande partie des élèves de 5ᵉ année en compréhension de l'écrit n'atteint même pas le niveau « compétent ». Bien que les représentants politiques considèrent parfois qu'il est dans leur intérêt de contrôler la circulation de ce type d'informations, les avantages à long terme d'un système d'information ouvert dépassent probablement ses inconvénients à court terme. Dans l'idéal, les données sur la performance des élèves peuvent éclairer le débat sur l'éducation et contribuer de ce fait à renforcer le soutien du public aux efforts visant à améliorer le système éducatif (Greaney et Kellaghan 1996 ; Vegas et Petrow 2008). En fait, la publication des résultats d'une évaluation nationale – soit-elle basée sur un échantillon – est une opération « à enjeux élevés » dans le sens où elle mobilise l'attention du public sur des informations relatives à la qualité de l'école, et soulève des questions de responsabilité (Chapman et Snyder 2000).

La publication des constatations issues de la recherche (y compris des évaluations nationales) dépendra de considérations politiques, des pratiques institutionnelles et de la culture des élites politiques (voir le chapitre 1). Dans certains cas, les autorités publient des informations sur les niveaux de performance nationaux (et régionaux) agrégés, et non sur le niveau de performance des établissements scolaires ou des élèves. Dans d'autres cas, elles mettent à disposition ces deux types d'informations. Il existe aussi des exemples où les autorités se sont opposées à la publication de tout type d'information. Dans certains pays, l'accès aux données peut être obtenu en recourant à des procédures sur la liberté d'information (voir l'encadré 7.1). Mais en l'absence de législation adéquate, les gouvernements peuvent estimer que le public n'a pas à connaître les résultats des évaluations nationales ou internationales. Pour des raisons purement politiques, le gouvernement péruvien de Fujimori a décidé de ne pas publier les résultats de sa première évaluation nationale (Arregui et McLauchlan 2005). Le Mexique (Ferrer et Arregui 2003) et la Roumanie (Gilmore 2005) font également partie des pays qui ont refusé ou retardé la publication des résultats d'évaluations internationales aux motifs suivants : la crainte que les résultats d'évaluations basées sur un recensement soient utilisés pour des comparaisons inter-établissements, que les parents ne soient pas en mesure de comprendre les informations relatives à l'évaluation, ou encore que les résultats ne soient pas techniquement adéquats (Ferrer 2006).

Les traditions en vigueur et les accords conclus avec des groupes tels que les syndicats d'enseignants peuvent limiter la mise à disposition des résultats. En Uruguay, par exemple, les syndicats d'enseignants, d'abord fortement opposés à l'idée d'une évaluation nationale, ont convenu après des discussions avec le ministère de l'Éducation d'une série de mesures à prendre à l'issue d'une évaluation basée sur un recensement (encadré 7.2). Ces mesures n'ont pas favorisé la

---

ENCADRÉ 7.1

Lois relatives à la liberté de l'information

Tous les pays ne sont pas dotés d'une législation octroyant au public le droit d'accès aux informations détenues par le gouvernement. Seuls 68 pays sur environ 195 disposaient de telles lois en 2006.

Source : Banisar 2006.

> **ENCADRÉ 7.2**
>
> ### Accords sur la publication des résultats de l'évaluation nationale : Uruguay
>
> En Uruguay, les syndicats d'enseignants ont convenu des mesures suivantes pour permettre la publication des résultats de l'évaluation nationale :
>
> - Les résultats de l'évaluation nationale sont rendus publics au cours d'un atelier organisé à l'intention des inspecteurs de l'enseignement primaire.
> - Les médias peuvent participer à l'atelier et obtenir des résultats à l'échelle nationale.
> - Les résultats de chaque établissement ne sont pas rendus publics et sont mis à la disposition des inspecteurs et directeurs d'école uniquement.
> - Chaque parent peut demander au directeur d'école les résultats de l'établissement.
> - La publication du classement des établissements scolaires est interdite.
> - Les résultats sont retournés aux autorités scolaires rapidement (la norme est de 40 jours après l'administration).
> - Les enseignants ne doivent pas être tenus responsables de la performance de leurs élèves.
> - Les scores doivent être interprétés en fonction de facteurs socioculturels pertinents.
>
> *Sources* : Benveniste 2000 ; Ravela 2005.

sensibilisation générale du public, mais elles ont fourni des informations utiles pour la formation continue des enseignants.

Il est parfois nécessaire de fournir des efforts particuliers pour attirer l'attention du public sur une évaluation nationale basée sur un échantillon. Il est certain que ce type d'étude intéresse moins les médias que des études internationales invitant à commenter les performances d'un pays en comparaison à d'autres, et qui donnent lieu à des titres tels que « La Suède au même niveau que des pays en développement) (Husén 1987) ou « Les élèves sud-africains derniers en mathématiques et en sciences) (Monare 2006). Les évaluations nationales basées sur un recensement ont aussi tendance à attirer plus souvent l'attention des médias lorsque des données sur les performances individuelles des établissements sont publiées (ce qui est souvent le cas).

LES EXEMPLES D'UTILISATION DES RÉSULTATS DE L'ÉVALUATION POUR INFORMER LE PUBLIC

Les ministères de l'Éducation reconnaissent de plus en plus souvent l'importance de la diffusion des résultats des évaluations nationales. Ils admettent dorénavant que les constatations d'une évaluation peuvent avoir une fonction d'« éclairage » – non seulement pour les décideurs (voir le chapitre 5) mais aussi pour le public – dans l'identification et la recherche de solutions aux préoccupations de l'éducation. En Amérique latine, les informations publiées sur le niveau de performance des élèves sont perçues comme un aboutissement important d'une évaluation nationale (Arregui et McLauchlan 2005). En Argentine, les résultats de l'évaluation des acquis des élèves ont permis au gouvernement de démontrer que le système d'éducation subissait une crise, laquelle justifiait la mise en œuvre des vastes réformes radicales prévues dans la loi fédérale (Benveniste 2002).

Au Chili, où les données issues des évaluations nationales servent à créer des réseaux de soutien au sein de la société civile, la publication annuelle des résultats contribue à mettre à l'ordre du jour la question de l'éducation (Benveniste 2002). Toujours au Chili, les informations révélant le lien étroit entre le statut socioéconomique des élèves et leurs performances ont renforcé la demande d'équité sociale. Plus concrètement, elles ont constitué la base des politiques de lutte contre les inégalités dans le système éducatif (Meckes et Carrasco 2006).

Dans d'autres régions du monde, les équipes d'évaluation nationale déploient des efforts considérables pour informer le public (parfois en détail) sur une évaluation. En Angleterre et aux États-Unis, par exemple, bien que les stratégies d'évaluation diffèrent radicalement, des sites Internet conséquents sont dédiés aux programmes d'évaluation. Les gouvernements des deux pays exploitent le réseau Internet pour soutenir leurs politiques d'évaluation et informer le public sur la qualité de l'éducation. Le site basé sur des échantillons dédié à l'Évaluation nationale des progrès de l'éducation aux États-Unis (http://nces.ed.gov/nationsreportcard) fournit : des informations sur les évaluations nationales actuelles et précédentes ; une section dédiée aux parents ; des détails sur les matières évaluées, y compris les cadres des matières ; le calendrier d'évaluation et des exemples types d'items (voir l'encadré 3.6). Le guide destiné aux parents fournit des informations sur le mode de sélection des élèves, sur la durée du test, et déclare qu'aucune donnée sur les élèves et les établissements n'est fournie. Le site dédié à l'évaluation basée sur un recensement en Angleterre (http://www.direct.gov.uk/en/Parents/SchoolslearninganddevelopmenL/ExamsTestsAndTheCurriculum/) décrit les tests et les évaluations des enseignants.

Une mise en œuvre cohérente des évaluations nationales conjuguée à la publication régulière des résultats a de grandes chances de sensibiliser l'opinion publique (Meckes et Carrasco 2006). Des commentaires à l'aide de chiffres clés sur les constatations des évaluations sont également susceptibles de sensibiliser davantage le public. Aux États-Unis, après la publication des résultats de l'enquête TIMSS (*Trends in International Mathematics and Science Study Repeat*) auprès des élèves de 8e année, le ministre de l'Éducation américain a tenu les propos suivants : « On ne peut pas espérer être les meilleurs du monde en mathématiques et en sciences si nos cours de géométrie sont dispensés par des professeurs d'histoire et nos cours de chimie par des professeurs d'éducation physique » (Riley 2000). Bien que ces commentaires aient été formulés à la suite d'une évaluation internationale, ils s'appuient fermement sur des observations de la scène nationale et pourraient tout aussi facilement découler d'une évaluation nationale.

LE RÔLE DES MÉDIAS

Les médias sont une source d'information importante sur les évaluations nationales. En Allemagne, notamment, la presse écrite a joué un rôle capital en éveillant l'intérêt du public et des responsables politiques sur l'analyse de la performance allemande par le Programme PISA. En un mois seulement, les journaux allemands ont consacré pas moins de 687 pages à la question, dépassant de loin les chiffres enregistrés dans d'autres pays (OCDE et projet INES, Réseau A 2004). L'étude était internationale, mais ses constatations ont servi à identifier des écarts de performance imprévus entre les 16 *Länder* allemands, suscitant un vif débat sur le rôle de l'école dans tout le pays.

Les résultats ont été également interprétés comme une preuve des inégalités sociales. Les réactions publiques et politiques ont conduit à des réformes, notamment l'introduction de normes et de mesures communes dans tous les *Länder*, la préparation d'un rapport annuel commun sur l'éducation nationale, et l'augmentation du nombre d'heures de scolarité (Rubner 2006).

Les médias ont certes un rôle important à jouer dans la diffusion des constatations, mais des problèmes liés à la couverture médiatique de celles-ci doivent être anticipés. Certains journalistes semblent s'intéresser davantage aux constatations d'évaluations nationales (et internationales) qui dévalorisent le système éducatif. D'autres cherchent à dramatiser ou déformer certains aspects des constatations. Autre problème potentiel lié aux médias, ceux-ci peuvent accorder autant d'importance aux bonnes qu'aux mauvaises études. Ainsi, des études menées dans quelques établissements seulement (ou dans une seule école) peuvent être traitées avec autant de sérieux que celles basées sur des échantillons représentatifs d'élèves.

À certains égards, la couverture médiatique des sujets relatifs aux évaluations nationales s'est affinée avec le temps. Au lieu de scores de pourcentage, les résultats sont dorénavant susceptibles d'être présentés plutôt en termes de niveaux de compétence (par exemple, « adéquat », « compétent », « supérieur »). La tendance des performances est présentée là où cela s'impose, et les résultats peuvent être classés par région, sexe et statut socioéconomique.

L'ÉLABORATION D'UNE STRATÉGIE DE COMMUNICATION

Toute procédure visant à optimiser l'impact des constatations des évaluations nationales nécessite une stratégie de communication en plusieurs étapes (voir l'encadré 7.3).

Du fait que les systèmes nationaux d'évaluation produisent des milliers de constatations individuelles, la première étape de l'élaboration d'une stratégie de communication pourra sembler quelque peu anormale : réduire tous ces résultats à quelques messages clés communiqués de manière cohérente à tous les porte-parole, messages qui seront intégrés dans tous les documents de synthèse tels que

> **ENCADRÉ 7.3**
>
> **Procédures visant à optimiser l'impact des constatations de l'évaluation nationale**
>
> On peut optimiser l'impact d'une évaluation nationale en adoptant une stratégie de communication telle que celle présentée ci-dessous :
>
> - S'entendre sur un nombre limité de messages clés qui seront véhiculés par les porte-parole officiels de façon cohérente.
> - Anticiper les questions et préparer des réponses types.
> - Anticiper la façon dont les journalistes et les groupes d'intérêt tenteront de déformer les messages clés, et élaborer des stratégies de gestion de ce problème.
> - Élaborer des mécanismes permettant de contrôler la couverture publique et privée des résultats de l'étude, d'adapter le message choisi le cas échéant, et de répondre aux mauvais usages lorsqu'ils surviennent.
> - Élaborer des stratégies pour lutter contre les mauvaises interprétations des constatations.

les communiqués de presse. Bien conçue et exécutée, la stratégie de diffusion permettra d'éveiller l'attention des publics cibles sur la disponibilité des informations relatives à l'évaluation nationale et les encouragera à s'informer plus amplement. L'objectif de la stratégie est une gestion prudente des premières impressions des résultats de l'évaluation nationale.

En supposant un intérêt déjà suscité, l'étape suivante consistera à s'assurer que les publics ciblés obtiennent des réponses non techniques claires à toutes les questions possibles sur la signification des constatations clés, et à toutes les questions habituelles des journalistes : qui, quoi, quand, où, pourquoi, comment et combien ? Les réponses doivent être préparées à l'avance, leur exactitude technique doit être vérifiée. Elles doivent également être révisées par des personnes non techniques pour en assurer la clarté, et être bien répétées par les porte-parole officiels avant publication.

Les équipes d'étude nationale doivent également anticiper la façon dont les journalistes et les groupes d'intérêt tenteront de déformer certains messages clés en vue de défendre leurs propres intérêts. Les journalistes peuvent pousser les porte-parole à tirer des conclusions inappropriées ou à émettre des jugements de valeur sur ces constatations. Pour anticiper ces aléas, les porte-parole officiels doivent suivre si possible une formation aux médias, et participer à des simulations d'interview avec un collègue jouant le rôle du journaliste « hostile ».

Les messages clés doivent être conçus de manière à empêcher les groupes d'intérêt et les journalistes de faire des déclarations ne pouvant être étayées par les résultats. Si une équipe d'étude nationale est invitée à commenter les déclarations d'un tiers dans le but de provoquer une polémique, il est plus sûr de s'abstenir de commenter toute interprétation des constatations par des tiers et de saisir cette occasion pour rappeler les messages clés. Seule exception à ces règles : lorsque des tiers, journalistes ou groupes d'intérêt, véhiculent des erreurs sur des faits, l'équipe d'étude nationale doit réagir le plus rapidement possible.

Pour réagir aux interprétations erronées, il faut avoir mis en place un mécanisme de suivi des réactions à l'étude. Les équipes d'étude nationale doivent instaurer deux systèmes parallèles : le premier pour surveiller la couverture publique de l'étude, et le second pour surveiller sa couverture privée. La couverture publique peut être suivie de plusieurs façons. Dans de nombreux pays, on peut acheter un service de revue de presse des médias clés qui sélectionnera dans la presse tous les articles relatifs aux évaluations et en présentera les détails dans un rapport. Une solution moins coûteuse consistera à assigner cette tâche aux membres mêmes de l'équipe.

La couverture privée est plus difficile à contrôler, mais c'est une tâche souvent plus importante. La meilleure façon de s'y prendre consiste à entretenir des relations personnelles avec quelques utilisateurs clés, par téléphone ou en face à face, pour obtenir des réponses franches. Il peut s'avérer utile de dresser une liste des problèmes qui surviennent. Ces listes doivent être collationnées et examinées à intervalles réguliers - très fréquemment, au lendemain de la publication de produits clés, et moins régulièrement par la suite. Cet examen vise à déterminer la façon dont les messages clés doivent être réajustés, et à répondre rapidement et de manière préventive aux erreurs factuelles. Les gestionnaires de l'évaluation nationale doivent nommer une personne responsable de cette activité.

CONCLUSION

Il est communément admis que les constatations d'une évaluation nationale peuvent informer facilement l'opinion publique, renforcer une prise de conscience des problèmes éducatifs, et accroître le soutien aux efforts visant à améliorer le système éducatif. Néanmoins, pour un certain nombre de raisons, les pays choisissent des stratégies de communication très diverses pour faire connaître les résultats d'évaluations. Premièrement, la tradition en vigueur dans un pays peut favoriser une approche « fermée » de la mise à disposition d'informations obtenues par une agence gouvernementale. Deuxièmement, une évaluation peut être destinée principalement à fournir des informations aux gestionnaires de l'éducation et aux enseignants, et non au public. Et troisièmement, la non-diffusion des résultats peut être le reflet d'un simple manque d'intérêt, de l'absence d'un plan de mise en œuvre, ou du manque de budgétisation préalable de la diffusion.

Lorsque les constatations de l'évaluation sont diffusées, elles peuvent également rater leur objectif et mal informer l'opinion publique parce que les rapports sont trop techniques, comportent trop de résultats statistiques, ou sont incompréhensibles pour le public. Les rédacteurs en chef et les journalistes qui recevront les conclusions de l'évaluation joueront un rôle prépondérant en déterminant les problématiques et les extraits publiés, et enfin, comment le public et les responsables des politiques interprètent les résultats (Stack 2006). Un examen de la couverture médiatique de la NAEP aux États-Unis pour la période 1990-1998 montre que les journaux avaient tendance : (a) à s'appuyer fortement sur les informations contenues dans le communiqué de presse, (b) à se concentrer sur un certain nombre de points en profondeur plutôt que de faire une présentation générale des sujets, (c) à présenter le classement des États, (d) à recourir à des schémas et des graphiques, (e) à témoigner peu d'intérêt pour les questions de validité du test et (f) à avoir du mal à comprendre et communiquer des concepts relatifs aux niveaux de compréhension de l'écrit et à certains termes statistiques (par exemple, la signification statistique, les percentiles) (Hambleton et Meara 2000). Parce qu'il est important d'amener les responsables de la diffusion des constatations de l'évaluation nationale à prévoir les

> **ENCADRÉ 7.4**
>
> ## Couverture de la brochure de l'évaluation nationale, Éthiopie
>
> **POINTS CLÉS DE LA TROISIÈME ÉVALUATION NATIONALE DES ACQUIS SCOLAIRES (ETNLA) EN ÉTHIOPIE**
>
> La Troisième évaluation nationale éthiopienne des acquis scolaires a été menée au cours de l'année académique 1999 E.C. (2006/2007) auprès des élèves de 4e et 8e années dans toutes les régions du pays. Plus de 500 écoles et environ 23 000 élèves et leurs enseignants ont participé à l'étude. Cette vue d'ensemble du projet présente son objectif, sa conception et ses principales constatations.
>
>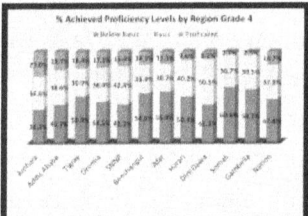
>
> **APERÇU**
>
> Les principaux objectifs de ces deux études étaient de fournir des informations sur les acquis pédagogiques globaux des élèves de quatrième et de huitième années et d'identifier les principaux facteurs qui influencent potentiellement la réussite scolaire. Pour atteindre ces objectifs, deux approches de recherche, quantitative et qualitative, ont été utilisées.
>
> Cette étude a utilisé des instruments et des procédures similaires à ceux de la Deuxième évaluation nationale éthiopienne des acquis scolaires. Dans les classes de 4e année, un total de 11 373 élèves sélectionnés dans 305 établissements de toutes les régions a participé à l'étude. Dans les classes de 8e année, un total de 10 806 élèves choisis dans 280 établissements de toutes les régions y a participé. Pour générer des données sur les facteurs déterminants de la réussite scolaire, 832 enseignants et 305 directeurs d'établissement ont été impliqués en quatrième année. Et dans les classes de 8e année, 1 242 enseignants et 280 directeurs d'établissement ont participé. Dans l'étude qualitative, 312 élèves, 311 enseignants et 286 parents ont participé à des groupes de discussion.
>
> **OBJECTIF DE L'ÉTUDE**
>
> 1. Déterminer les acquis scolaires des élèves de 4e année en anglais, mathématiques, sciences de l'environnement et en compréhension de l'écrit dans la langue maternelle ;
>
> 2. Déterminer les acquis scolaires des élèves de 8e année en anglais, mathématiques, biologie, chimie et physique ;
>
> 3. Évaluer l'attitude des élèves envers certains facteurs affectifs du système d'éducation ; et
>
> 4. Fournir aux responsables des politiques et aux parties prenantes les conclusions et les recommandations concernant les performances scolaires des élèves de 4e et de 8e années dans les matières évaluées.

problèmes potentiels avec les médias, des communiqués de presse ciblés doivent être préparés et le personnel d'évaluation doit être disponible pour des interviews. Pour éviter les interprétations simplistes, comme celles qui attribuent la performance à une seule variable (par exemple, la taille des classes, la fréquentation d'une école privée, le temps passé devant le petit écran), l'équipe d'évaluation nationale doit clarifier les limites des données.

À l'avenir, l'accès du public aux résultats d'évaluations nationales pourrait s'améliorer grâce à des conférences de presse, au recours à d'autres formes de présentations publiques et à la production de vidéos et de sites Internet dédiés. Un grand nombre de moyens de communication sont disponibles à cet effet, notamment les journaux nationaux et locaux, les débats parlementaires, les articles de magazines, les brochures, les programmes radiophoniques et télévisés (voir, par exemple, l'encadré 7.4). Les publications d'enseignants, les séminaires et réunions, ainsi que les bulletins d'information, les brochures, les revues et les conférences peuvent répondre aux besoins de groupes d'intérêts spéciaux, tels que les enseignants.

CHAPITRE

VERS UNE OPTIMISATION DE L'UTILISATION ET DE LA VALEUR DES ÉVALUATIONS NATIONALES

L'analyse de l'usage des constatations d'une évaluation nationale proposée dans ce volume montre que les évaluations ont fourni à de nombreux pays des données empiriques sur la mesure dans laquelle leur système éducatif a réussi à réaliser ce pour quoi il est conçu : favoriser le développement de tous les élèves et fournir les savoirs et savoir-faire fondamentaux dont ils auront besoin dans leurs trajectoires scolaires futures, et au-delà. En décrivant la distribution des performances dans le système éducatif, les évaluations nationales ont également soulevé des questions sur la manière dont des principes fondamentaux liés à l'accès, la qualité, l'efficacité et l'équité, régissent le fonctionnement du système. Elles l'ont fait en fournissant des éléments probants sur la mesure dans laquelle les niveaux généraux de performance se situent en deçà des attentes, sur l'incapacité de nombreux élèves à acquérir des compétences de base après plusieurs années de scolarisation, et sur les différences de performance associées au sexe des élèves, à leur lieu de résidence et au contexte familial. En outre, la considération de la qualité de l'éducation sur la base des résultats et non plus sur les intrants sert à attirer l'attention non seulement de la communauté éducative, mais aussi des représentants politiques et du public, sur la nécessité de garantir que les élèves acquièrent des connaissances au terme de leur expérience éducative.

Une analyse des rapports des évaluations nationales à travers le monde aboutit à la conclusion raisonnable que le niveau de performance mis en lumière dans ces évaluations n'est pas jugé satisfaisant. Pourtant, certains pays n'adoptent aucune mesure corrective à l'issue d'une évaluation. D'autres prennent des initiatives, notamment l'allocation de ressources et la création d'opportunités de développement professionnel pour les enseignants. Dans quelques pays, des sanctions ont été associées à la performance des élèves, en dépit des effets indésirables probables, bien qu'involontaires, de cette pratique. La conception d'une réponse appropriée aux constatations d'une évaluation nationale demeure un défi majeur pour les responsables des politiques et les gestionnaires de l'éducation à travers le monde.

Compte tenu de la complexité des procédures (politiques et techniques) requises, la difficulté à répondre de manière appropriée aux constatations d'une évaluation nationale n'est pas surprenante. Des mesures peuvent être indiquées à plusieurs niveaux du système éducatif : responsables des politiques gouvernementales, administrations centrales (régionales et locales), établissements scolaires et enseignants. Des difficultés plus spécifiques peuvent également être identifiées. Des problèmes subsistent dans de nombreux pays sur la qualité des données des évaluations nationales et, par conséquent, sur la fiabilité des constatations. La capacité ou la volonté politique (ou les deux) d'utiliser les conclusions des évaluations peut parfois faire défaut. Celles-ci peuvent ne pas être communiquées aux parties prenantes et, si elles le sont, ne pas être en mesure d'influencer les politiques et le processus de prise de décisions au niveau macro, ou dans la pratique des classes au niveau micro. Certains de ces problèmes, voire tous, peuvent raisonnablement être attribués à la non-participation des principaux responsables des politiques dans la conception de l'évaluation, à la nouveauté des évaluations nationales, au manque de compétences techniques nécessaires pour réaliser une évaluation (des compétences fortement limitées dans de très nombreux pays), et à un manque de capacité dans les établissements scolaires à relever les défis posés par les constatations des évaluations nationales.

Ce chapitre fournit une liste des tâches (qui peut être utilisée comme liste de vérification) à effectuer dans le cadre d'une évaluation nationale en vue d'optimiser l'utilisation des constatations de l'évaluation. Il décrit ensuite neuf moyens de modifier les activités des futures évaluations nationales ou de les étendre en vue de décrire la performance des élèves, ce qui permettra de fournir une base plus robuste pour l'élaboration des politiques et la prise de décisions.

L'OPTIMISATION DE L'UTILISATION DES CONSTATATIONS DES ÉVALUATIONS NATIONALES

L'analyse des expériences d'évaluations nationales fournie dans ce volume suggère que, pour optimiser les constatations, les responsables des politiques et les gestionnaires du ministère de l'Éducation doivent accorder une attention toute particulière aux tâches suivantes :

La mission

- Préciser dès le départ la finalité d'une évaluation nationale – à savoir obtenir des informations sur les résultats du système éducatif tels qu'ils sont reflétés par la performance des élèves, aux fins suivantes :
  — Informer les politiques et les pratiques
  — Améliorer la qualité de l'apprentissage des élèves, en accordant une attention particulière au développement de compétences cognitives de haut niveau (impliquant le raisonnement, la capacité d'identifier et de résoudre des problèmes, et la capacité d'exécuter des tâches non routinières), en tenant compte des besoins d'une économie mondiale compétitive et basée sur l'information
  — Identifier les problèmes du système actuel de prestation de services éducatifs, et les moyens de les résoudre.

Le contexte d'utilisation

- Développer des capacités institutionnelles pour assimiler et exploiter les informations fournies par une évaluation nationale.

- Intégrer des évaluations nationales dans les structures existantes, dans les processus politiques et décisionnels et les canaux d'allocation des ressources.
- Sensibiliser au fait que les évaluations nationales fournissent des informations qui peuvent être utilisées pour améliorer la qualité de l'apprentissage des élèves.

L'exécution d'une évaluation nationale

- Impliquer les décideurs et responsables des politiques et les autres parties prenantes dans la conception de l'évaluation nationale afin qu'elle réponde effectivement à leurs préoccupations.
- Veiller à ce que les responsables des aspects techniques de l'évaluation nationale possèdent les compétences requises pour le développement des instruments d'évaluation, l'échantillonnage, l'analyse et la rédaction des rapports.
- Veiller à ce que les responsables de l'administration de l'évaluation nationale dans les établissements scolaires suivent les procédures appropriées.

La description des constatations

- Décrire la performance des élèves de manière suffisamment détaillée afin de satisfaire aux besoins des utilisateurs potentiels, en accordant une attention particulière au diagnostic des problèmes dans le système éducatif.
- Identifier les facteurs associés aux performances élevées ou faibles des élèves.

La communication des résultats

- Fournir des informations sur la performance des élèves aux représentants politiques, aux responsables des politiques et aux gestionnaires de l'éducation, en temps opportun et dans un format qui leur est compréhensible, et les inciter à intégrer les éléments probants issus de l'évaluation dans leurs processus d'élaboration des politiques et de prise de décision.

- Rédiger des rapports d'évaluation nationale distincts, adaptés aux besoins des utilisateurs potentiels (autorités chargées du développement des programmes de cours ; superviseurs, inspecteurs et conseillers ; formateurs d'enseignants ; rédacteurs de manuels scolaires ; établissements scolaires ; enseignants).
- Transmettre des informations aux médias et au public sur les constatations de l'évaluation nationale.

La formulation des politiques et des programmes ou des interventions

- Impliquer les parties prenantes dans l'analyse des constatations d'une évaluation, la définition de priorités pour l'élaboration des politiques et des programmes, en mettant l'accent sur l'apprentissage des élèves, et la conception de stratégies visant à refléter ces politiques, en tenant compte d'autres éléments probants pertinents (par exemple, les résultats des recherches sur l'éducation et les évaluations des inspecteurs d'école, des conseillers et des superviseurs).
- Dans le cadre de l'élaboration de politiques, prendre en considération les valeurs, les pressions et les contraintes imposées par les intérêts particuliers et utiliser les structures existantes dans le système éducatif (par exemple, un mécanisme de gestion pour négocier avec les syndicats) pour obtenir un consensus ou des compromis dans l'identification des mesures à adopter.

La mise en œuvre des politiques et des programmes ou interventions

- Développer des critères de sélection des établissements scolaires ou des groupes de population nécessitant des aides spéciales sur la base des constatations de l'évaluation nationale, et collaborer avec les établissements et les communautés concernés pour développer des programmes et des stratégies visant à améliorer l'apprentissage des élèves.
- S'inspirer de « bonnes pratiques » dans la conception des interventions (par exemple, pour la prestation de formations continues aux enseignants).

- Identifier des acteurs pour la mise en œuvre de programmes ou interventions conçus à l'issue d'une évaluation nationale, et décrire leurs tâches (par exemple, inspecteurs, conseillers en exercice, directeurs d'établissement).
- Fournir un soutien continu au personnel participant au développement et à la mise en œuvre de stratégies conçues pour résoudre les problèmes identifiés dans le cadre de l'évaluation.

Le suivi des effets

- Suivre les modifications des politiques et les interventions afin de déterminer leur impact sur l'apprentissage des élèves.

LE DÉVELOPPEMENT DES ÉVALUATIONS NATIONALES POUR ACCROÎTRE LEUR VALEUR

Cette section décrit neuf moyens de modifier ou renforcer les activités d'évaluation nationale afin d'accroître leur valeur pour les utilisateurs.

Des informations plus détaillées sur les performances

Comme indiqué au chapitre 1, l'une des finalités d'une évaluation nationale est de fournir des éléments probants sur les forces et les faiblesses des savoirs et des savoir-faire des élèves. Toutefois, le trop petit nombre d'items de tests utilisés dans de nombreuses évaluations nationales ne suffit pas pour évaluer correctement la performance des élèves dans des domaines de performance spécifiques. Pour augmenter le nombre d'items qui fourniront des données sans pour autant surcharger les élèves, de nombreuses évaluations nationales (et internationales) utilisent un système de rotation de carnets de test (Beaton 1994). Plusieurs formats existent, mais les caractéristiques essentielles de chaque carnet sont les suivantes : (a) le test effectué par chaque élève ne comprend qu'une partie des items utilisés dans l'évaluation, et (b) l'intégration d'items communs dans tous les carnets permet de relier la performance des élèves dans chaque test à une échelle commune.

Les administrateurs des évaluations nationales, en particulier dans les premières années de mise en œuvre de l'évaluation, sont susceptibles de préférer que tous les élèves répondent à un même carnet de tests ; ils peuvent être réticents à l'idée d'utiliser un système de rotation des carnets, compte tenu des difficultés liées à la préparation et à l'administration des instruments de l'évaluation, et à la réalisation des analyses. Cependant, dans le but de fournir des informations plus détaillées sur les performances, cette option doit être privilégiée à mesure qu'ils acquièrent de l'expérience.

Des informations sur les caractéristiques des élèves associées à leur performance

Certaines évaluations nationales (et internationales) recueillent des informations sur les caractéristiques des élèves associées à la performance dans les domaines du programme de cours. Par exemple, dans l'évaluation nationale du Chili, des données ont été collectées sur l'estime de soi des élèves, leurs attitudes vis-à-vis de l'école et de l'apprentissage, leurs relations avec leurs pairs et leurs relations sociales. Toutefois, les données n'ont pas été jugées très utiles et cette pratique a été interrompue (Himmel 1996).

Le chapitre 1 mentionne la difficulté d'obtenir des estimations fiables de ce type de variable, ainsi que les problèmes rencontrés pour établir un lien de cause à effet entre ces variables et les mesures de la performance scolaire. Néanmoins, des études récentes sont parvenues à identifier des variables évaluant les stratégies d'apprentissage des élèves (par exemple, l'autodiscipline, la confiance en soi, l'implication personnelle et la motivation) (voir Artelt et coll. 2003 ; Postlethwaite 2004a), qui se sont révélées fortement liées à la performance des élèves dans les domaines scolaires. Ces variables méritent davantage d'attention dans les évaluations nationales qui cherchent à identifier d'importants corrélats de l'apprentissage.

Des informations sur les conditions d'apprentissage en classe

La plupart des évaluations nationales recueillent des données contextuelles sur les expériences scolaires et extra-scolaires des élèves.

Dans certains cas, des données de pertinence incertaine sont collectées. Dans d'autres, les analyses n'exploitent pas complètement les données. Et en règle générale, les aspects les plus significatifs de l'expérience des élèves dans leur apprentissage scolaire ne sont pas identifiés.

L'impact d'une évaluation nationale peut être renforcé si l'on accorde plus de soin à la conception des questionnaires contextuels : par exemple, si les besoins des utilisateurs potentiels des informations sont identifiés et, en particulier, si l'on accorde une plus grande attention à l'obtention d'informations sur la pratique en classe (voir les questionnaires des enseignants sur le CD fourni en annexe du volume 2, Anderson et Morgan 2008). Jusqu'à présent, par exemple, les mesures de la couverture des contenus dans l'enseignement (opportunité d'apprendre), qui ont contribué à expliquer la performance des élèves dans les études internationales, n'ont pas recueilli beaucoup d'attention dans les évaluations nationales.

L'identification des établissements pour une intervention à l'issue d'une évaluation nationale

La difficulté d'identifier les établissements à faible performance à partir d'une évaluation nationale basée sur un échantillon a amené les responsables des politiques de certains pays à envisager une évaluation basée sur un recensement. Le problème est particulièrement important dans les pays où une évaluation nationale a été introduite afin de recueillir des données sur l'apprentissage des élèves après la suppression de l'examen final de l'enseignement primaire. L'élargissement d'une évaluation nationale à la totalité (ou la quasi-totalité) des établissements et des élèves impliquerait effectivement d'assigner à l'évaluation certaines des fonctions d'un examen public. Avant de s'engager sur cette voie, les responsables ministériels doivent examiner sérieusement les complexités et les coûts additionnels d'une évaluation basée sur un recensement et, en particulier, les effets à anticiper si des sanctions sont associées à la performance des établissements, des enseignants ou des élèves. Les responsables doivent également envisager des solutions alternatives, notamment le développement des capacités du personnel éducatif (en particulier, les inspecteurs, les conseillers ou les superviseurs) à identifier les établissements nécessitant de l'aide. Des procédures plus formelles que celles utilisées actuellement dans de nombreux pays pourraient être requises, par exemple, l'administration de tests aux élèves (avec des tests standard si disponibles) par les professeurs et l'utilisation d'échelles de notation standard par le personnel de supervision.

Les analyses secondaires

Les premiers rapports d'une évaluation nationale seront préparés dans des délais très serrés. En outre, pour être bien compris par les clients, les modèles et les méthodes d'analyse peuvent être moins complexes que ceux utilisés dans des études plus élémentaires. Quelle qu'en soit la raison, la richesse des données susceptibles d'être fournies par une évaluation nationale ne sera vraisemblablement pas entièrement exploitée. Dans cette situation, il est clair que la mise à disposition des données en vue d'analyses complémentaires présente de nombreux avantages potentiels (voir le chapitre 3). Idéalement, des analyses secondaires doivent être prévues dans la conception d'une évaluation.

L'utilisation d'un système de collecte de données longitudinal dans une évaluation nationale

Dans de nombreuses évaluations nationales, des données contextuelles (par exemple, sur les élèves, leur école, et leur foyer et communauté) sont collectées en même temps que les données sur la performance des élèves. Cette approche présente deux inconvénients. Premièrement, il est difficile de faire des déductions sur les liens de cause à effet à partir d'analyses dans lesquelles les données sur les performances sont liées aux données contextuelles. Deuxièmement, l'impact « net » des expériences éducatives des élèves, à savoir les résultats directement attribuables à ces expériences, ne peut être distingué de l'impact « brut », qui reflète, outre l'impact net, d'autres influences sur la performance des élèves (par exemple, les dons génétiques des élèves, leur performance au moment d'intégrer l'école, et le soutien et l'aide fournis par la famille et la communauté). Ces problèmes peuvent être résolus (au moins partiellement) si des données sont recueillies sur un certain laps de temps (données longitudinales). Les caractéristiques des élèves individuels qui ont déjà été évalués antérieurement, notamment leurs performance et données contextuelles antérieures, sont alors prises en compte dans l'estimation de leur performance à un point ultérieur dans le temps pour déterminer la « valeur » que les expériences particulières des élèves à l'école « ont ajouté » à leurs progrès (Linn 2005b).

Dans les évaluations nationales réalisées en Afrique francophone (Programme d'analyse des systèmes éducatifs de CONFEMEN, ou PASEC), les élèves étaient évalués au début et à la fin de l'année scolaire afin d'obtenir une estimation des progrès de leur performance. Leurs progrès étaient ensuite associés à des facteurs liés à l'établissement scolaire (formation des enseignants, taille des classes, disponibilité des manuels scolaires) et des facteurs extra-scolaires (éducation des parents, distance à parcourir par l'élève jusqu'à l'école, langue utilisée dans le foyer) (Kulpoo et Coustère 1999, Michaelowa 2001 ; voir également Greaney et Kellaghan 2008 : annexe C.2). Une propriété supplémentaire des études du PASEC était l'identification de thèmes d'intérêt national (par exemple, les politiques existantes sur le recrutement des enseignants), et une tentative d'évaluer l'impact de modalités alternatives, en utilisant également des données longitudinales. Un certain nombre de problèmes ont été identifiés relatifs à l'utilisation d'études à « valeur ajoutée », tels des données incomplètes sur les élèves résultant de l'abandon scolaire, du transfert vers d'autres établissements, de l'absentéisme, de la régression par rapport à la moyenne dans l'analyse statistique, et un manque de fiabilité des mesures lorsque le nombre d'élèves dans un établissement est réduit.

Les études de suivi

Certaines études de suivi ont examiné les facteurs associés aux performances élevées (ou faibles) dans le but de mieux cerner les liens de cause à effet détectables à partir de données d'évaluation nationale. Aux États-Unis, par exemple, le Panel national sur les objectifs de l'éducation (National Education Goals Panel) a réalisé une analyse de l'un des États américains les plus performants (Connecticut), afin d'identifier les politiques et les pratiques éducatives susceptibles d'avoir contribué à des scores élevés en compréhension de l'écrit. Trois politiques ont été associées à la performance de l'État : (a) la fourniture d'informations détaillées sur la performance des élèves à un large éventail de parties prenantes (districts, établissements scolaires, enseignants, parents) ; (b) le suivi de la performance des élèves au fil du temps ; et (c) l'apport de ressources additionnelles aux districts les plus démunis (par exemple, développement professionnel pour les enseignants ; soutien et évaluations des enseignants débutants) (Baron 1999).

Des informations complémentaires ont été obtenues à l'issue d'une évaluation nationale en mathématiques (qui comprenait des items de la Seconde étude internationale de mathématiques de l'Association internationale pour l'évaluation du rendement scolaire) des élèves de 13 et 17 ans en République dominicaine, du fait d'importantes préoccupations sur les faibles niveaux de performance des élèves. Dans ce cas, une enquête, comprenant notamment l'observation des classes et des entretiens avec les enseignants, avait été effectuée sur l'enseignement des mathématiques auprès d'un échantillon de classes de 8ᵉ année afin d'identifier des procédures pédagogiques et d'apprentissage. Les problèmes identifiés ont été résolus moyennant (a) l'établissement d'un centre de développement des programmes de cours chargé de préparer des matériels pour soutenir l'enseignement des mathématiques et (b) l'instauration de programmes de formation continue pour les enseignants (Luna 1992).

Il convient de faire preuve de prudence dans l'interprétation de la performance des unités affichant des niveaux élevés de performance, en particulier lorsque l'unité est un établissement scolaire avec un nombre d'élèves réduit. Sachant que n'importe quel petit groupe est susceptible de présenter d'une année sur l'autre des fluctuations importantes dans les scores de tests par rapport à la distribution des différences inter-établissements, n'importe quelle « raison » proposée par une école pour justifier une performance supérieure peut être trompeuse (Kane et Staiger, 2002).

L'étude expérimentale ou quasi expérimentale de suivi

Les expériences, qui impliquent la manipulation et le contrôle de variables, fournissent la base la plus solide pour des déductions sur les relations de cause à effet. Leur utilisation nécessiterait la conception d'une étude visant à tester des hypothèses sur l'amélioration des élèves en mettant en œuvre une stratégie motivée par les constatations d'une évaluation nationale – par exemple, la fourniture de ressources additionnelles aux établissements scolaires – dans un certain nombre d'établissements ou de régions (le *groupe de traitement*). Après une période déterminée, l'effet de la stratégie serait évalué en comparant la performance du groupe de traitement sur une mesure de performance avec celle d'un *groupe témoin* (à savoir, un groupe d'établissements scolaires ou de régions n'ayant pas reçu de ressources additionnelles mais à tous autres égards similaires aux établissements ou aux régions du groupe de traitement). Le meilleur moyen de garantir la comparabilité entre un groupe de traitement et un groupe témoin est d'affecter les participants aux groupes sur un mode aléatoire. Toutefois, compte tenu des difficultés pratiques d'une telle procédure dans le contexte de la vie réelle, on utilise souvent un système quasi expérimental qui n'exige pas une assignation aléatoire. Dans ce cas, un groupe de comparaison aussi semblable que possible au groupe de traitement est choisi (en s'efforçant de minimiser les possibilités de biais dans la sélection). Des informations sur les variables voulues sont obtenues avant et après le traitement ; et une analyse de covariance ou de régression peut être utilisée pour ajuster les mesures post-traitement, tant que les différences initiales ne sont pas importantes.

Quelques études randomisées ont été réalisées dans des pays en développement (Inde, Kenya, Nicaragua), mais pas dans le contexte d'une évaluation nationale. Dans ces études, un traitement (par exemple, la fourniture de manuels d'exercices et d'enseignement via la radio, des manuels scolaires ou un programme de rattrapage) a été mis en œuvre dans des établissements sélectionnés de manière aléatoire, et son impact a été estimé sur la base d'une comparaison de la performance des élèves de ces écoles avec la performance dans des écoles similaires mais n'ayant pas bénéficié du traitement (Glewwe et Kremer 2006).

Aucune expérience ou quasi-expérience n'a été utilisée dans le contexte d'une évaluation nationale, du moins à la connaissance des auteurs. Cela pourrait être dû, au moins en partie, à la difficulté de les mettre en œuvre ou d'en effectuer le suivi. Un problème plus grave, du point de vue du responsable des politiques ou du décideur, peut résider dans le coût et le temps nécessaires pour effectuer une étude. On pourrait cependant alléguer que les coûts des expériences sont minimes par rapport au coût de politiques inefficaces ou qui auraient plus être plus efficaces si les informations susceptibles d'être tirées d'une expérience ou d'une quasi-expérience étaient disponibles (voir Postlethwaite 1975). Néanmoins, la planification, la mise en œuvre et l'analyse requises dans les études expérimentales ou quasi expérimentales peuvent dépasser la capacité de nombreuses agences d'exécution. Dans ce cas, il est préférable de confier ces études à une agence de recherche plus spécialisée.

L'évaluation des enfants en dehors du système éducatif

Dans la mesure où les évaluations nationales portent uniquement sur les enfants intégrés dans le système scolaire, elles ne renseignent pas sur les besoins quantitatifs non satisfaits pour l'accès à ce système, sauf de manière très limitée (par exemple, en fournissant des informations sur la distance entre l'école et le domicile d'un élève). Toutefois, dans de nombreux pays en développement, un grand nombre d'enfants en âge d'être scolarisés ne fréquentent pas l'école ou la fréquentent pendant une courte période seulement. Compte tenu de l'engagement de ces pays envers l'éducation primaire universelle, il serait très utile de recueillir des informations sur la performance de ces enfants, les obstacles qu'ils rencontrent pour accéder à l'école, leur utilisation de ressources alternatives (par exemple, l'éducation non formelle), et leurs besoins non satisfaits. Pour obtenir ces informations, il faudrait naturellement recourir à des méthodes d'échantillonnage et d'évaluation autres que celles utilisées actuellement dans les évaluations nationales basées sur les établissements scolaires. L'Inde fournit l'exemple d'une enquête auprès d'enfants de 6 à 16 ans évalués dans leur foyer (en compréhension de l'écrit, en mathématiques et en anglais) (http://www.asercentre.org). Il existe d'autres modèles de collecte de données sur les enfants non scolarisés dans des études *ad hoc* (voir, par exemple, Greaney, Khandker et Alam 1999) et dans le contexte d'enquêtes auprès des ménages.

CONCLUSION

L'utilisation des constatations des évaluations devrait raisonnablement s'étendre à mesure que les activités d'évaluation nationale s'implantent plus fermement dans les systèmes scolaires. Deux séries de conditions peuvent être identifiées, qui devraient contribuer à cette expansion si elles sont satisfaites. Premièrement, (a) le développement des compétences techniques et des stratégies de communication des responsables des évaluations nationales, (b) le renforcement des capacités des responsables des politiques et des décideurs afin qu'ils puissent interpréter les constatations des évaluations et concevoir des stratégies pour remédier aux lacunes identifiées, et (c) la participation d'un vaste éventail de parties prenantes, devraient contribuer à l'établissement d'un environnement plus favorable à l'utilisation des constatations. Deuxièmement, il conviendrait de déterminer si les types d'informations fournies actuellement par les évaluations nationales répondent aux besoins des utilisateurs, si les procédures doivent être modifiées, ou si des études supplémentaires sont nécessaires pour fournir une orientation aux responsables des politiques et aux décideurs. Le respect de ces conditions peut nécessiter un financement supplémentaire et un engagement plus important. Cependant, les dépenses additionnelles ne seraient pas démesurées dans le contexte du coût de la réalisation d'une évaluation nationale, et ajouteraient vraisemblablement une valeur considérable à l'exercice.

RÉFÉRENCES

Acana, S. 2006. « Reporting Results of National Assessment: Uganda Experience. » Document présenté lors de la 32e conférence annuelle de l'Association international du rendement scolaire, Singapour, 22–26 mai.

———. 2008. « Using Assessment Results to Improve Learning: A Message to Headteachers. » Document présenté lors de la 34e conférence annuelle de l'Association internationale du rendement scolaire, Cambridge, U.K., 7–12 septembre.

Aguerrondo, I. 1992. « Educational Reform in Latin America: A Survey of Four Decades. » *Perspectives* 22 (3) : 353–65.

Ainley, J., J. Fraillon et C. Freeman. 2007. *National Assessment Program : ICT Literacy Years 6 and 10 Report, 2005.* Carlton South, Victoria, Australie: Ministerial Council on Education, Employment, Training and Youth Affairs. http://www.mceetya.edu.au/verve/_resources/NAP_ICTL_2005_Years_6_and_10_Report.pdf.

Altinok, N. 2008. « An International Perspective on Trends in the Quality of Learning Achievement (1965–2007). » Document d'information préparé pour *Overcoming Inequality: Why Governance Matters—EFA Global Monitoring Report 2009*, Organisation des Nations unies pour l'éducation, la science et la culture, Paris. http://unesdoc.unesco.org/images/0017/001780/178009e.pdf.

Amrein, A. L. et D. C. Berliner. 2002. « High-Stakes Testing, Uncertainty, and Student Learning. » *Education Policy Analysis Archives* 10 (18). http://epaa.asu.edu/epaa/v10n18/.

Anderson, P. et G. Morgan. 2008. *Developing Tests and Questionnaires for a National Assessment of Achievement*. Washington, DC : Banque mondiale.

Anderson, S. E. 2002. « The Double Mirrors of School Improvement: The Aga Khan Foundation in East Africa. » Dans *Improving Schools through Teacher Development: Case Studies of the Aga Khan Foundation Projects in East Africa*, dir. S. E. Anderson, 1–20. Lisse, Pays-Bas : Swets & Zetlinger.

Arregui, P. et C. McLauchlan. 2005. « Utilization of Large-Scale Assessment Results in Latin America. » Rapport préparé pour le Partnership for Educational Revitalization in the Americas et l'Institut de la Banque mondiale, Washington, DC.

Artelt, C., J. Baumert, N. Julius-McElvany et J. Peschar. 2003. *Learners for Life: Student Approaches to Learning—Results from PISA 2000*. Paris : Organisation de coopération et de développement économiques.

Banisar, D. 2006. *Freedom of Information around the World 2006: A Global Survey of Access to Government Records Laws*. Londres : Privacy International. http://www.freedominfo.org/documents/global_survey2006.pdf.

Banque mondiale. 2004. *Vietnam Reading and Mathematics Assessment Study*. 3 vols. Washington, DC : Banque mondiale.

Baron, J. B. 1999. « Exploring High and Improving Achievement in Connecticut. » Document 1233, National Educational Goals Panel, Washington, DC. http://govinfo.library.unt.edu/negp/issues/publication/othpress/body.pdf.

Báthory, Z. 1992. « Hungarian Experiences in International Student Achievement Surveys. » *Perspectives* 22 (4) : 434–40.

Beaton, A. E. 1994. « Item Sampling in Testing. » dans *The International Encyclopedia of Education*, 2e éd., dir. T. Husén et T. N. Postlethwaite, 3055–61. Oxford, Royaume-Uni : Pergamon.

Beaton, A. E. et N. L. Allen. 1992. « Interpreting Scales through Scale Anchoring. » *Journal of Educational Statistics* 17 (2) : 191–204.

Beaton, A. E. et E. G. Johnson. 1992. « Overview of the Scaling Methodology Used in the National Assessment. » *Journal of Educational Measurement* 29 (2) : 163–75.

Benveniste, L. 2000. « Student Assessment as a Political Construction: The Case of Uruguay. » *Education Policy Analysis Archives* 8 (32). http://epaa.asu.edu/epaa/v8n32.html.

———. 2002. « The Political Structuration of Assessment: Negotiating State Power and Legitimacy. » *Comparative Education Review* 46 (1) : 89–118.

Bernard, J. M. et K. Michaelowa. 2006. « How Can Countries Use Cross-National Research Results to Address 'the Big Policy Issues'? » Dans *Cross-National Studies of the Quality of Education: Planning Their Design and Managing Their Impact*, dir. K. N. Ross et I. J. Genevois, 229–40. Paris : Institut international de planification de l'éducation.

Bethell, G. et R. Mihail. 2005. « Assessment and Examinations in Romania. » *Assessment in Education* 12 (1) : 77–96.

Bhutan Board of Examinations. 2004. *National Educational Assessment in Bhutan: A Benchmark of Student Achievement in Literacy at Class 5, 2003*. Thimphou : ministère de l'Éducation.

Binkley, M. et K. Rust, dir. 1994. *Reading Literacy in the United States: Technical Report of the U.S. Component of the IEA Reading Literacy Study*. Washington, DC : Office of Educational Research and Improvement, U.S. Department of Education.

Blalock, A. B. 1999. « Evaluation Research and the Performance Management Movement. » *Evaluation* 5 (2) : 117–49.

Bonnet, G. 2007. « What Do Recent Evaluations Tell Us about the State of Teachers in Sub-Saharan Africa. » Document d'information pour *Education for All: Will We Make It—EFA Global Monitoring Report 2008*, Organisation des Nations unies pour l'éducation, la science et la culture, Paris. http://unesdoc.unesco.org/images/0015/001555/155511e.pdf.

Braun, H. 2004. « Reconsidering the Impact of High-Stakes Testing. » *Education Policy Analysis Archives* 12 (1). http://epaa.asu.edu/epaa/v2n1/.

Braun, H., A. Kanjee, E. Bettinger et M. Kremer. 2006. *Improving Education through Assessment, Innovation, and Evaluation*. Cambridge, MA : American Academy of Arts and Sciences.

British Columbia Ministry of Education. 1999. *Interpreting Your District's Assessment Results, 1999*. Victoria : Province de Colombie-Britannique.

Brophy, J. E. et T. L. Good. 1986. « Teacher Behavior and Student Achievement. » Dans *Third Handbook of Research on Teaching*, dir. M. Wittrock, 328–75. New York : Macmillan.

Campbell, J., D. L. Kelly, I. V. S. Mullis, M. O. Martin et M. Sainsbury. 2001. *Framework and Specifications for PIRLS Assessment 2001*. 2e éd. Chestnut Hill, MA : Boston College.

Campbell, J., L. Kyriakides, D. Muijs et W. Robinson. 2004. *Assessing Teacher Effectiveness: Developing a Differentiated Model*. Londres : Routledge Falmer.

Carroll, D. 1996. « The Grade 3 and 5 Assessment in Egypt. » Dans *National Assessments : Testing the System*, dir. P. Murphy, V. Greaney, M. E. Lockheed et C. Rojas, 157–65. Washington, DC : Banque mondiale.

Chabbott, C. et E. J. Elliott, dir. 2003. *Understanding Others, Educating Ourselves : Getting More from International Comparative Studies in Education*. Washington, DC : National Academies Press.

Chapman, D. W. et C. W. Snyder. 2000. « Can High Stakes National Testing Improve Instruction? Reexamining Conventional Wisdom. » *International Journal of Educational Development* 20 (6) : 457–74.

Cheng, K. et H. Yip. 2006. *Facing the Knowledge Society : Reforming Secondary Education in Hong Kong and Shanghai*. Washington, DC : Banque mondiale.

Clegg, S. R. et T. F. Clarke. 2001. « Intelligence : Organizational. » Dans *International Encyclopedia of the Social and Behavioral Sciences*, vol. 11, dir. N. J. Smelser et P. B. Baltes, 7665–70. Amsterdam : Elsevier.

Clotfelter, C. T. et H. L. Ladd. 1996. « Recognizing and Rewarding Success in Public Schools. » Dans *Holding Schools Accountable: Performance Based Reform in Education*, dir. H. F. Ladd, 23–63. Washington, DC : Brookings Institution.

DataAngel Policy Research. 2007. *A Tool for Understanding Performance in Science Instruction in Qatar*. Doha : Supreme Education Council.

Davies, I. C. 1999. « Evaluation and Performance Management in Government. » *Evaluation* 5 (2) : 150–59.

de Vise, D. 2005. « State Gains Not Echoed in Federal Testing : Results Fuel Criticism of Md., Va. Education. » *Washington Post*, 24 octobre, B01.

Duthilleul, Y. et R. Allen. 2005. « Which Teachers Make a Difference? Implications for Policy Makers in SACMEQ Countries. » Document présenté lors de la conférence : Educational Policy Research Conference, Institut international de planification de l'éducation, Paris, 28–30 septembre.

Eivers, E., G. Shiel, R. Perkins et J. Cosgrove. 2005a. *Succeeding in Reading? Reading Standards in Irish Primary Schools*. Dublin : Department of Education and Science.

———. 2005b. *The 2004 National Assessment of English Reading*. Dublin : Educational Research Centre.

Elley, W. B. 1992. *How in the World Do Students Read? IEA Study of Reading Literacy*. La Haye, Pays-Bas : Association internationale du rendement scolaire.

Elmore, R. et D. Burney. 1999. « Investing in Teacher Training. » dans *Teaching as the Learning Profession*, dir. L. Darling-Hammond et G. Sykes, 236–91. San Francisco, CA : Jossey-Bass.

Ethiopia Education Quality Assurance and Examinations Agency. 2007. *Highlights of the Findings : Ethiopian Third National Learning Assessment*. Addis-Abeba : Ethiopia Education Quality Assurance and Examinations Agency.

Ferrer, G. 2006. *Educational Assessment Systems in Latin America : Current Practice and Future Challenges*. Washington, DC : Partnership for Educational Revitalization in the Americas.

Ferrer, G. et P. Arregui. 2003. « Las Pruebas Internacionales de Aprendizaje en América Latina y Su Impacto en la Calidad de la Educación: Criterio para Guiar Futuras Aplicaciones. » Document de travail 26, Partnership for Educational Revitalization in the Americas, Santiago.

Finn, J. D. et C. M. Achilles. 1990. « Tennessee's Class Size Study: Findings, Implications, Misconceptions. » *Educational Evaluation and Policy Analysis* 21 (2) : 97–110.

Forster, M. 2001. *A Policy Maker's Guide to Systemwide Assessment Programs*. Camberwell, Victoria : ACER Press.

Frederiksen, J. et A. Collins. 1989. « A Systems Approach to Educational Testing. » *Educational Researcher* 18 (9) : 27–32.

Fullan, M. 2001. *The New Meaning of Educational Change*. New York : Teachers College Press.

Fuller, B. 1987. « What School Factors Raise Achievement in the Third World? » *Review of Educational Research* 57 (3) : 255–92.

Garet, M. S., A. C. Porter, L. Desimone, B. F. Birman et K. S. Yoon. 2001. « What Makes Professional Development Effective? Results from a National Sample of Teachers. » *American Educational Research Journal* 38 (4) : 915–45.

Gebrekidan, Z. 2006. « Ethiopian Second National Learning Assessment. Document présenté lors du National Assessment Capacity Building Workshop, Using National Assessment Results, Kampala, 30 janvier–2 février.

Georgia Department of Education. s..d. « Standards, Instruction, and Assessment. » Georgia Department of Education, Atlanta. http://www.doe.k12.ga.us/ci_testing.aspx? Page Req = C1_TESTING_NAEP.

Gilmore, A. 2005. « The Impact of PIRLS (2001) and TIMSS (2003) in Low and Middle-Income Countries: An Evaluation of the Value of World Bank Support for International Surveys of Reading Literacy (PIRLS) and Mathematics and Science (TIMSS). » Association internationale du rendement scolaire, Amsterdam. http://www.iea.nl/ fileadmin/user_upload/docs/WB_report.pdf.

Glewwe, P. et M. Kremer. 2006. « Schools, Teachers, and Education Outcomes in Developing Countries. » Dans *Handbook of the Economics of Education*, vol. 2, dir. E. A. Hanushek et F. Welch, 945–1017. Amsterdam : Elsevier.

Goldstein, H. 1983. « Measuring Changes in Educational Attainment over Time : Problems and Possibilities. » *Journal of Educational Measurement* 20 (4) : 369–77.

González, E. J. 2002. *Evaluation Systems in Latin America*. Brasilia: National Institute for Educational Studies and Research, ministère de l'Éducation.

González, P., A. Mizala et P. Romaguera. 2002. « Recursos Diferenciados a la Educación Subvencionada en Chile. » Serie Economía 150, Centro de Economía Aplicada, Departamento de Ingeniería Industrial, Facultad de Ciencies Físicas y Matemáticas, Universidad de Chile, Santiago.

Grant, S., P. Peterson et A. Shojgreen-Downer. 1996. « Learning to Teach Mathematics in the Context of System Reform. » *American Educational Research Journal* 33 (2) : 500–43.

Greaney, V. et T. Kellaghan. 1996. *Monitoring the Learning Outcomes of Education Systems*. Washington, DC : Banque mondiale.

———. 2008. *Assessing National Achievement Levels in Education*. Washington, DC : Banque mondiale.

Greaney, V., S. R. Khandker et M. Alam. 1999. *Bangladesh: Assessing Basic Learning Skills*. Dacca : University Press.

Griffith, J. E. et E. A. Medrich. 1992. « What Does the United States Want to Learn from International Comparative Studies in Education? » *Perspectives* 22 (4) : 476–84.

Gucwa, B. et M. Mastie. 1989. « Pencils Down ! » Michigan State Board of Education, Lansing. http://www.ncrel.org/sdrs/areas/issues/methods/assment/as6penc2.htm.

Guilfoyle, C. 2006. « NCLB: Is There Life Beyond Testing ? » *Educational Leadership* 64 (3) : 8–13.

Gvirtz, S. et S. Larripa. 2004. « National Evaluation System in Argentina: Problematic Present and Uncertain Future. » *Assessment in Education* 11 (3) : 349–64.

Haertel, E. H. et J. L. Herman. 2005. « A Historical Perspective on Validity Arguments for Accountability Testing. » Dans *Uses and Misuses of Data for Educational Accountability and Improvement : The 104th Yearbook of the National Society for the Study of Education, Part 2*, dir. J. L. Herman et E. H. Haertel, 1–34. Malden, MA : Blackwell.

Hambleton, R. K et K. Meara. 2000. « Newspaper Coverage of NAEP Results, 1990 to 1998. » Dans *Student Performance Standards on the National Assessment of Educational Progress : Affirmations and Improvements*, dir. M. L. Bourque et S. Byrd, 131–55. Washington, DC : National Assessment Governing Board.

Hambleton, R. K. et S. C. Slater. 1997. « Are NAEP Executive Summary Reports Understandable to Policy Makers and Stakeholders ? » Rapport technique CSE 430, Center for the Study of Evaluation, National Center for Research on Evaluation, Standards, and Student Testing, Los Angeles, CA.

Himmel, E. 1996. « National Assessment in Chile. » Dans *National Assessments : Testing the System*, dir. P. Murphy, V. Greaney, M. E. Lockheed et C. Rojas, 111–28. Washington, DC : Banque mondiale.

Hopmann, S. T. et G. Brinek. 2007. « Introduction: PISA According to PISA—Does PISA Keep What It Promises? » Dans *PISA Zufolge PISA : PISA According to PISA*, dir. S. T. Hopmann, G. Brinek et M. Retzl, 9–19. Vienne : LIT.

Howie, S. 2002. « English Proficiencies and Contextual Factors Influencing Mathematics Achievements of Secondary School Pupils in South Africa. » Thèse de doctorat, Université de Twente, Enschede, Pays-Bas.

Howie, S. et T. Plomp. 2005. « International Comparative Studies of Education and Large-Scale Change. » Dans *International Handbook of Education Policy*, dir. N. Bascia, A. Cumming, A. Datnow, K. Leithword et D. Livingstone, 75–99. Dordrecht, Pays-Bas : Springer.

Husén, T. 1984. « Issues and Their Background. » Dans *Educational Research and Policy : How Do They Relate ?* dir. T. Husén et M. Kogan, 1–36. Oxford, Royaume-Uni : Pergamon.

———. 1987. « Policy Impact of IEA Research. » *Comparative Education Review* 31 (1) : 29–46.

Kane, T. J. et D. O. Staiger. 2002. « Volatility in School Test Scores : Implications for Test-Based Accountability Systems. » Dans *Brookings Papers on Education Policy, 2002*, dir. D. Ravitch, 235–83. Washington, DC : Brookings Institution Press.

Kellaghan, T. et V. Greaney. 1992. *Using Examinations to Improve Education : A Study in Fourteen African Countries*. Washington, DC : Banque mondiale.

———. 2001. *Using Assessment to Improve the Quality of Education*. Paris : Institut international de planification de l'éducation.

———. 2004. *Assessing Student Learning in Africa*. Washington, DC : Banque mondiale.

Kellaghan, T. et G. F. Madaus. 2000. « Outcome Evaluation. » Dans *Evaluation Models : Viewpoints on Educational and Human Services Evaluation*, 2e éd., dir. D. L. Stufflebeam, G. F. Madaus et T. Kellaghan, 97–112. Boston : Kluwer Academic.

Kellaghan, T., K. Sloane, B. Alvarez et B. S. Bloom. 1993. *The Home Environment and School Learning*. San Francisco, CA : Jossey-Bass.

Kirsch, I., J. De Jong, D. Lafontaine, J. McQueen, J. Mendelovits et C. Monseur. 2002. *Reading for Change : Performance and Engagement across Countries—Results from PISA 2000*. Paris : Organisation de coopération et de développement économiques.

Kulm, G., J. Roseman et M. Treistman. 1999. « A Bench-Based Approach to Textbook Evaluation. » *Science Books and Films* 35 (4) : 147–53.

Kulpoo, D. et P. Coustère. 1999. « Developing National Capacities for Assessment and Monitoring through Effective Partnerships. » Dans *Partnerships for Capacity Building and Quality Improvements in Education : Papers from the ADEA 1997 Biennial Meeting, Dakar*. Paris : Association pour le développement de l'éducation en Afrique.

Kupermintz, H., M. M. Ennis, L. S. Hamilton, J. E. Talbert et R. E. Snow. 1995. « Enhancing the Validity and Usefulness of Large-Scale Educational Assessments : I. NELS: 88 Mathematics Achievement. » *American Educational Research Journal* 32 (3) : 525–54.

Kuwait Ministry of Education. 2008. *PIRLS 2006: Kuwait Technical Report*. Koweït : ministère de l'Éducation.

Leimu, K. 1992. « Interests and Modes in Research Utilisation : The Finnish IEA Experience. » *Perspectives* 22 (4) : 425–33.

Linn, R. L. 2000. « Assessments and Accountability. » *Educational Researcher* 29 (2) : 4–16.

———. 2005a. « Conflicting Demands of No Child Left Behind and State Systems: Mixed Messages about School Performance. » *Education Policy Analysis Archives* 13 (33). http://epaa.asu.edu/epaa/v13n33/.

———. 2005b. « Issues in the Design of Accountability Systems. » Dans *Uses and Misuses of Data for Educational Accountability and Improvement : The 104th Yearbook of the National Society for the Study of Education, Part 2*, dir. J. L. Herman et E. H. Haertel, 78–98. Malden, MA : Blackwell.

Linn, R. L. et E. Baker. 1996. « Can Performance-Based Student Assessments Be Psychometrically Sound? » Dans *Performance-Based Student Assessment: Challenges and Possibilities : 95th Yearbook of the National Society for the Study of Education, Part 1*, dir. J. N. Baron et D. P. Wolf, 84–103. Chicago : National Society for the Study of Education.

Lockheed, M. E. et A. M. Verspoor. 1991. *Improving Primary Education in Developing Countries*. Oxford, Royaume-Uni : Oxford University Press.

Lovett, S. 1999. « National Education Monitoring Project: Teachers Involvement and Development—Professional Development from NEMP. » Document présenté lors du New Zealand Association for Research in Education and Australian Association for Research in Education Conference, Melbourne, Australie, 29 novembre–2 décembre.

Luna, E. 1992. « Dominican Republic: The Study on Teaching and Learning in Mathematics. » *Perspectives* 22 (4) : 448–54.

Madamombe, R. T. 1995. « A Comment on the Analysis of Educational Research Data for Policy Development: An Example from Zimbabwe. » *International Journal of Educational Research* 23 (4) : 397–402.

Madaus, G. F. et T. Kellaghan. 1992. « Curriculum Evaluation and Assessment. » Dans *Handbook of Research on Curriculum*, dir. P. W. Jackson, 119–54. New York : Macmillan.

Madaus, G. F., M. Russell et J. Higgins. 2009. *The Paradoxes of High Stakes Testing : How They Affect Students, Their Parents, Teachers, Principals, Schools, and Society*. Charlotte, NC : Information Age Publishing.

Martin, M. O., I. V. S. Mullis et S. J. Chrostowski. 2004. *The Trends in International Mathematics and Science Study 2003 : Technical Report*. Chestnut Hill, MA : International Study Center, Boston College.

Mauritius Examinations Syndicate (Syndicat des examens de Maurice). 2003. *Monitoring Learning Achievement: Joint UNESCO/UNICEF Project—A Survey of 9-Year-Old Children in the Republic of Mauritius*. Reduit, Maurice : Mauritius Examinations Syndicate.

McDonnell, L. M. 2005. « Assessment and Accountability from the Policy Maker's Perspective. » Dans *Uses and Misuses of Data for Educational Accountability and Improvement: 104th Yearbook of the National Society for the Study of Education, Part 2*, dir. J. L. Herman et E. H. Haertel, 35–54.

McQuillan, J. 1998. « Seven Myths about Literacy in the U.S. » *Practical Assessment, Research, and Evaluation* 6 (1). http://pareonline.net/getvn.asp?v=6&n=1.

Meckes, L. et R. Carrasco. 2006. « SIMCE: Lessons from the Chilean Experience in National Assessment Systems of Learning Outcomes. » Document présenté lors de la conférence : Conference on Lessons from Best Practices in Promoting Education for All: Latin America and the Caribbean, organisée par la Banque mondiale et la Banque interaméricaine de développement, Carthagène des Indes, Colombie, 9–11 octobre.

Messick, S. 1989. « Validity. » Dans *Educational Measurement*, 3e éd., dir. R. Linn, 13–103. New York : American Council on Education and Macmillan.

Michaelowa, K. 2001. « Primary Education Quality in Francophone SubSaharan Africa: Determinants of Learning Achievement and Efficiency Considerations. » *World Development* 29 (10) : 1699–716.

Michaelowa, K. et A. Wechtler. 2006. *The Cost-Effectiveness of Inputs in Primary Education : Insights from the Literature and Recent Student Surveys for Sub-Saharan Africa*. Hambourg : Institute of International Economics.

Ministère fédéral de l'Éducation du Nigéria . 2000. *Education for All: The Year 2000 Assessment*. Abuja : ministère fédéral de l'Éducation du Nigéria.

Monare, M. 2006. « SA Pupils Rank Last in Maths, Science Study. » *Star* (Johannesburg), 6 décembre.

Moncada, G., R. Hernández Rodríguez, M. C. Aguilar, D. Orellana, M. Alas Solís et B. Hernández. 2003. *Uso e Impacto de la Información Empírica en la Formulación y Ejecución de Política de Educación Básica en Honduras en el Período 1990–2002*. Tegucigalpa : Dirección de Investigación, Universidad Pedagógica Nacional Francisco Morazán.

Mullis, I. V. S., A. M. Kennedy, M. O. Martin et M. Sainsbury. 2006. *PIRLS 2006 : Assessment Framework and Specifications*. Chestnut Hill, MA : International Study Center, Boston College.

Mullis, I. V. S., M. O. Martin, E. J. González et S. J. Chrostowski. 2004. *Findings from IEA's Trends in International Mathematics and Science Study at the Fourth and Eighth Grades*. Chestnut Hill, MA : International Study Center, Boston College.

Murimba, M. 2005. « The Impact of the Southern and Eastern Africa Consortium for Monitoring Educational Quality (SACMEQ). » *Perspectives* 35 (1) : 91–108.

Murphy, J., J. Yff et N. Shipman. 2000. « Implementation of the Interstate School Leaders Licensure Consortium Standards. » *International Journal of Leadership in Education* 3 (1) : 17–39.

Nassor, S. et K. A. Mohammed. 1998. *The Quality of Education : Some Policy Suggestions Based on a Survey of Schools—Zanzibar.* Paris : Institut international de planification de l'éducation.

Nepal Educational and Developmental Service Centre. 1999. *National Assessment of Grade 5 Students.* Katmandou : Nepal Educational and Developmental Service Centre.

Nzomo, J., M. Kariuki et L. Guantai. 2001. « The Quality of Education: Some Policy Suggestions Based on a Survey of Schools. » Consortium de l'Afrique australe et orientale pour le pilotage de la qualité de l'éducation, document de recherche n°6, Institut international de planification de l'éducation, Paris.

Nzomo, J. et D. Makuwa. 2006. « How Can Countries Move from Cross-National Research Results to Dissemination and Then to Policy Reform? Case Studies from Kenya and Namibia. » Dans *Cross-National Studies of the Quality of Education: Planning Their Design and Managing Their Impact*, dir. K. N. Ross et I. J. Genevois, 213–28. Paris : Institut international de planification de l'éducation.

OCDE (Organisation de coopération et de développement économiques). 2004. *Chile : Reviews of National Policies for Education.* Paris : OCDE.

OCDE (Organisation de coopération et de développement économiques) et INES (Indicateurs des systèmes d'enseignement) Project, Network A. 2004. « Attention Getting Results. » *Review of Assessment Activities* 16 (février–mars) : 2.

Ogle, L. T., A. Sen, E. Pahlke, D. Jocelyn, D. Kastberg, S. Roey et T. Williams. 2003. « International Comparisons in Fourth Grade Reading Literacy : Findings from the Progress in International Reading Literacy Study (PIRLS) of 2001. » U.S. Department of Education, National Center for Education Statistics, Washington, DC. http://nces.ed.gov/pubs2003/2003073.pdf.

Olivares, J. 1996. « Sistema de Medición de la Calidad de la Educación de Chile: SIMCE—Algunos Problemas de la Medición. » *Revista Iberoamericana de Educación* 10 : 117–96. http://www.rieoei.org/oeivirt/rie10a07.htm.

Pérez, B. A. 2006. « Success in Implementing Education Policy Dialogue in Peru. » Agence des États-Unis pour le développement international, Washington, DC.

Perie, M., W. Grigg et G. Dion. 2005. « The Nation's Report Card: Mathematics 2005. » National Center for Education Statistics, U.S. Department of Education, Washington, DC. http://nces.ed.gov/nationsreportcard/pdf/ main2005/2006453.pdf.

Porter, A. et A. Gamoran. 2002. « Progress and Challenges for LargeScale Studies. » Dans *Methodological Advances in Cross-National Surveys of Educational Achievement*, dir. A. C. Porter et A. Gamoran, 3–23. Washington, DC : National Academies Press.

Postlethwaite, T. N. 1975. « The Surveys of the International Association for the Evaluation of Educational Achievement (IEA). » Dans *Educational Policy and International Assessment : Implications of the IEA Surveys of Achievement*, dir. A. C. Purves et D. U. Levine, 1–32. Berkeley, CA : McCutchan.

———. 1987. « Comparative Educational Achievement Research : Can It Be Improved ? » *Comparative Education Review* 31 (1) : 150–58.

———. 1995. « Calculation and Interpretation of Between-School and Within-School Variation in Achievement (*rho*). » Dans *Measuring What Students Learn*, 83–94. Paris : Organisation de coopération et de développement économiques.

———. 2004a. *Monitoring Educational Achievements*. Paris : Institut international de planification de l'éducation.

———. 2004b. « What Do International Assessment Studies Tell Us about the Quality of School Systems? » Document d'information pour *The Quality Imperative : EFA Global Monitoring Report 2005*. Organisation des Nations unies pour l'éducation, la science et la culture, Paris. http://unesdoc.unesco.org/images/0014/001466/146692e.pdf.

Postlethwaite, T. N. et T. Kellaghan. 2008. *National Assessments of Educational Achievement*. Paris : Institut international de planification de l'éducation; Bruxelles : International Academy of Education.

Powdyel, T. S. 2005. « The Bhutanese Education Assessment Experience: Some Reflections. » *Perspectives* 35 (1) : 45–57.

Pravalpruk, K. 1996. « National Assessment in Thailand. » Dans *National Assessments : Testing the System*, dir. P. Murphy, V. Greaney, M. E. Lockheed et C. Rojas, 137–45. Washington, DC : Banque mondiale.

Ravela, P. 2002. « Cómo Presentan Sus Resultados los Sistemas Nacionales de Evaluación Educativa en América Latina ? » Partnership for Educational Revitalization in the Americas, Washington, DC.

———. 2005. « A Formative Approach to National Assessments : The Case of Uruguay. » *Perspectives* 35 (1): 21–43.

———. 2006. « Using National Assessments to Improve Teaching … and Learning : The Experience of UMRE in Uruguay. » Document présenté lors de la conférence : Conference on Lessons from Best Practices in Promoting Education for All : Latin America and the Caribbean, organisée par la Banque mondiale et la Banque interaméricaine de développement, Carthagène des Indes, Colombie, 9–11 octobre.

Reezigt, G. J. et B. P. M. Creemers. 2005. « A Comprehensive Framework for Effective School Improvement. » *School Effectiveness and School Improvement* 16 (4) : 407–24.

Reimers, F. 2003. « The Social Context of Educational Evaluation in Latin America. » Dans *International Handbook of Educational Evaluation*, dir. T. Kellaghan et D. L. Stufflebeam, 441–63. Boston : Kluwer Academic.

Reynolds, D. 2000. « School Effectiveness: The International Dimension. » Dans *The International Handbook of School Effectiveness Research*, dir. C. Teddlie et D. Reynolds, 232–56. Londres : Falmer.

Reynolds, D. et C. Teddlie. 2000. « The Processes of School Effectiveness. » Dans *The International Handbook of School Effectiveness Research*, dir. C. Teddlie et D. Reynolds, 134–59. Londres : Falmer.

Riley, R. W. 2000. Observations préparées dans le cadre d'une conférence de presse de TIMSS-R, Washington, DC, 5 décembre. http://www.ed.gov/Speeches/12-2000/120500.html.

Robertson, I. 2005. « Issues Relating to Curriculum, Policy, and Gender Raised by National and International Surveys of Achievement in Mathematics. » *Assessment in Education* 12 (3) : 217–36.

Robitaille, D. F., A. E. Beaton et T. Plomp, dir. 2000. *The Impact of TIMSS on the Teaching and Learning of Mathematics and Science.* Vancouver, Colombie-Britannique : Pacific Educational Press.

Rojas, C. C. et J. M. Esquivel. 1998. « Los Sistemas de Medición del Logro Académico en Latinoamérica. » Rapport sur l'éducation 25, Banque mondiale, Washington, DC.

Rubner, J. 2006. « How Can a Country Manage the Impact of 'Poor' Cross-National Research Results ? A Case Study from Germany. » Dans *Cross-National Studies of the Quality of Education : Planning Their Design and*

Managing Their Impact, dir. K. N. Ross et I. J. Genevois, 255–64. Paris : Institut international de planification de l'éducation.

Rust, V. L. 1999. « Education Policy Studies and Comparative Education. » Dans *Learning from Comparing : New Directions in Comparative Education Research—Policy, Professionals, and Development*, vol. 2, dir. R. Alexander, P. Broadfoot et D. Phillips, 13–39. Oxford, Royaume-Uni : Symposium Books.

SACMEQ (Consortium de l'Afrique australe et orientale pour le pilotage de la qualité de l'éducation). 2007. Site web du SACMEQ. http://www.sacmeq.org/.

Scheerens, J. 1998. « The School Effectiveness Knowledge Base as a Guide to School Improvement. » Dans *International Handbook of Educational Change*, dir. A. Hargreaves, A. Lieberman, M. Fullan et D. Hopkins, 1096–115. Boston : Kluwer Academic.

Schiefelbein, E. et P. Schiefelbein. 2000. « Three Decentralization Strategies in Two Decades : Chile 1982–2000. » *Journal of Educational Administration* 38 (5) : 412–25.

Schubert, J. 2005. « The Reality of Quality Improvement: Moving toward Clarity. » Dans *The Challenge of Learning : Improving the Quality of Basic Education in Sub-Saharan Africa*, dir. A. M. Verspoor, 53–68. Paris : Association pour le développement de l'éducation en Afrique.

Shiel, G., R. Perkins, S. Close et E. Oldham. 2007. *PISA Mathematics : A Teacher's Guide*. Dublin : Department of Education and Science.

Singh, A., V. K. Jain, S. K. S. Guatam et S. Jumjar. Sans date. *Learning Achievement of Students at the End of Class V*. New Delhi : National Council for Educational Research and Training.

Snyder, C. W., B. Prince, G. Lohanson, C. Odaet, L. Jaji et M. Beatty. 1997. *Exam Fervor and Fever : Case Studies of the Influence of Primary Leaving Examinations on Uganda Classrooms, Teachers, and Pupils*. Washington, DC : Academy for Educational Development.

Sri Lanka National Education Research and Evaluation Centre. 2004. *Achievement after Four Years of Schooling*. Colombo : National Education Research and Evaluation Centre.

Stack, M. 2006. « Testing, Testing, Read All about It : Canadian Press Coverage of the PISA Results. » *Revue canadienne de l'éducation* 29 (1) : 49–69.

Stoneberg, B. 2007. « Using NAEP to Confirm State Test Results in the No Child Left Behind Act. » *Practical Assessment Research and Evaluation* 12 (5) : 1–10.

Surgenor, P., G. Shiel, S. Close et D. Millar. 2006. *Counting on Success: Mathematics Achievement in Irish Primary Schools*. Dublin : Department of Education and Science.

Teddlie, C. et D. Reynolds. 2000. « School Effectiveness Research and the Social and Behavioural Sciences. » Dans *The International Handbook of School Effectiveness Research*, dir. C. Teddlie et D. Reynolds, 301–21. Londres : Falmer.

Uganda National Examinations Board. Sans date. National Assessment of Progress in Education. Affiche, Uganda National Examinations Board, Kampala.

UNESCO (Organisation des Nations unies pour l'éducation, la science et la culture). 1990. *Déclaration mondiale sur l'Éducation pour tous : Répondre aux besoins éducatifs fondamentaux*. Adoptée à la Conférence mondiale sur l'éducation pour tous. New York : UNESCO.

———. 2000. *Cadre d'action de Dakar L'éducation pour tous : tenir nos engagements collectifs*. Paris : UNESCO.

UNICEF (Fonds des Nations unies pour l'enfance). 2000. « Defining Quality of Education. » Document présenté lors d'une réunion du groupe International Working Group on Education, Florence, Italie, juin.

U.S. National Center for Education Statistics. 2005. *National Assessment of Educational Progress (NAEP), Selected Years, 1971–2004 : Long-Term Trend Reading Assessments*. Washington, DC : U.S. National Center for Education Statistics.

———. 2006a. « The NAEP Mathematics Achievement Levels by Grade. » U.S. National Center for Education Statistics, Washington, DC. http://nces.ed.gov/nationsreportcard/mathematics/achieveall.asp.

———. 2006b. *National Indian Education Study, Part 1 : The Performance of American Indian and Alaska Native Fourth- and Eighth-Grade Students on NAEP 2005 Reading and Mathematics Assessment—Statistical Analysis Report*. Washington, DC : U.S. National Center for Education Statistics. http://www.xmission.com/~amauta/pdf/ienationarep.pdf.

———. 2007. *The Nation's Report Card : Reading—2007 State Snapshot Report*. Washington, DC : U.S. National Center for Education Statistics. http://nces.ed.gov/nationsreportcard/pubs/stt2007/200774978.asp.

———. 2008. « The Nation's Report Card. » U.S. National Center for Education Statistics, Washington, DC. http://nces.ed.gov/nationsreportcard/sitemap.asp.

Vanneman, A. 1996. « Geography : What Do Students Know and What Can They Do? » *NAEPfacts* 2 (2). http://nces.ed.gov/pubs97/web/97579.asp.

Vegas, E. et J. Petrow. 2008. *Raising Student Learning in Latin America: The Challenge for the 21st Century*. Washington, DC : Banque mondiale.

Wang, M. C., G. D. Haertel et H. J. Walberg. 1993. « Toward a Knowledge Base for School Learning. » *Review of Educational Research* 63 (3) : 249–94.

Watson, K. 1999. « Comparative Educational Research: The Need for Reconceptualisation and Fresh Insights. » *Compare* 29 (3): 233–48.

Weiss, C. H. 1979. « The Many Meanings of Research Utilization. » *Public Administration Review* 39 (5) : 426–31.

Wenglinsky, H. 2002. « How Schools Matter: The Link between Teacher Classroom Practices and Student Academic Performance. » *Education Policy Analysis Archives* 10 (12). http://epaa.asu.edu/epaa/v10n12/.

Willms, D. 2006. « Learning Divides: Ten Policy Questions about the Performance and Equity of Schools and Schooling Systems. » Document de travail de l'UIS 5, Institut de statistique de l'UNESCO, Montréal.

Wolff, L. 1998. *Educational Assessments in Latin America: Current Progress and Future Challenges*. Washington, DC: Partnership for Educational Revitalization in the Americas.

Zhang, Y. 2006. « Urban-Rural Literacy Gaps in Sub-Saharan Africa: The Roles of Socioeconomic Status and School Quality. » *Comparative Education Review* 50 (4) : 581–602.

www.ingramcontent.com/pod-product-compliance
Lightning Source LLC
Chambersburg PA
CBHW060314240426
43661CB00059B/2758